구스마일의
월 1,000만 원 버는
유튜브 첫걸음
가이드북

지은이 구스마일(구태한)

콘텐츠 기업 나인미디어와 온라인 강의 플랫폼 웰스클래스의 대표. 클래스101에서 〈연봉 1억 유튜버가 도와주는 유튜버 되는 지름길〉 강의를 통해 많은 크리에이터들의 유튜브 시작을 도왔다. 텀블벅 및 와디즈 합계 목표치 4,200%가 넘는 펀딩을 기록한 화제의 작가이자 27만 구독자를 보유한 유튜브 크리에이터로 두 개의 실버 버튼을 보유하고 있다. 2024년 크몽어워즈 수상, 2025년 사이클 해커스 공식 강사로 활동하고 있으며, 유튜브 콘텐츠와 교육, 브랜딩을 융합한 커리어로 주목받고 있다.

누구나 쉽게 따라 하는 AI 활용 유튜브 수익화 가이드
구스마일의 월 1,000만 원 버는 유튜브 첫걸음 가이드북

초판 1쇄 발행 2025년 08월 04일

지은이 구스마일(구태한) / **펴낸이** 전태호
펴낸곳 한빛미디어(주) / **주소** 서울특별시 서대문구 연희로2길 62 한빛미디어(주) IT출판1부
전화 02-325-5544 / **팩스** 02-336-7124
등록 1999년 6월 24일 제25100-2017-000058호 / **ISBN** 979-11-6921-410-0 13000

총괄 배윤미 / **책임편집** 장용희 / **기획** 박지수 / **교정** 강경선
디자인 표지 박정우 내지 윤혜원 / **전산편집** 김보경
영업마케팅 송경석, 김형진, 장경환, 조유미, 한종진, 이행은, 김선아, 고광일, 성화정, 김한솔 / **제작** 박성우, 김정우

이 책에 대한 의견이나 오탈자 및 잘못된 내용은 출판사 홈페이지나 아래 이메일로 알려주십시오.
파본은 구매처에서 교환하실 수 있습니다. 책값은 뒤표지에 표시되어 있습니다.

홈페이지 www.hanbit.co.kr / **이메일** ask@hanbit.co.kr

Published by HANBIT Media, Inc. Printed in Korea
Copyright © 2025 구스마일(구태한) & HANBIT Media, Inc.
이 책의 저작권은 구스마일(구태한)과 한빛미디어(주)에 있습니다.
저작권법에 의해 보호를 받는 저작물이므로 무단 복제 및 무단 전재를 금합니다.

지금 하지 않으면 할 수 없는 일이 있습니다.
책으로 펴내고 싶은 아이디어나 원고를 메일(writer@hanbit.co.kr)로 보내주세요.
한빛미디어(주)는 여러분의 소중한 경험과 지식을 기다리고 있습니다.

> 머리글

새로운 시작을 앞둔 여러분께

여러분은 지금 어떤 마음이신가요? 설렘과 기대감이 교차하는 가슴 뛰는 순간일 수도 있고 막막함과 두려움이 앞서는 첫걸음일 수도 있습니다. 그 어떤 감정이든 자연스럽고 소중한 것입니다. 새로운 도전 앞에 선다는 것은 언제나 복잡한 감정들을 동반하기 때문입니다.

유튜브라는 플랫폼을 통해 새로운 수익을 만들고 싶다는 마음으로 이 책을 펼친 여러분께 한 가지 말씀드리고 싶은 것이 있습니다. 새로운 도전에는 분명 설렘이 있습니다. 내가 만든 콘텐츠가 누군가에게 도움이 되고 그것이 수익으로 이어질 때의 기쁨은 말로 표현하기 어려울 정도입니다. 하지만 그 설렘만으로는 충분하지 않습니다. 꾸준히 실행에 옮길 수 있는 의지가 반드시 필요합니다.

많은 사람들이 유튜브를 시작하다가 중도에 포기하는 이유는 바로 이 실행력의 부족 때문입니다. 처음의 열정은 시간이 지나면서 점점 식습니다. 영상 하나를 만드는 것도, 꾸준히 업로드하는 것도 생각보다 쉽지 않다는 현실에 부딪히게 됩니다. 여기서 포기한다면 정말 아쉬운 일입니다. 새로운 도전 없이는 새로운 삶이란 있을 수 없기 때문입니다.

지금 여러분의 일상이 불만족스럽다면, 뭔가 변화가 필요하다고 느끼신다면 새로운 도전을 해야 합니다. 유튜브는 그런 변화의 시작점이 될 수 있는 훌륭한 플랫폼입니다. 나이가 많다고, 경험이 부족하다고, 기술이 서툴다고 망설일 필요 없습니다. 시작하는 순간 99%의 사람들보다 앞서 나가는 것입니다.

가족과 함께하는 진정한 성공

유튜브로 월 1,000만 원을 번다는 것은 분명 매력적인 목표입니다. 경제적 자유를 얻고, 하고 싶은 일을 하며 살 수 있다는 것은 누구나 꿈꾸는 일이죠. 하지만 저는 유튜브를 하면서 더욱 중요한 것을 알았습니다. 바로 가족과 함께 보내는 시간의 소중함입니다.

아무리 많은 돈을 벌어도, 아무리 큰 성공을 거두어도 사랑하는 사람들과 함께할 시간이 없다면 그것이 진정한 성공일까요? 저는 그렇지 않다고 생각합니다. 가족과 많은 시간을 보낼 수 있는 사람이 인생에서 가장 성공한 사람이 아닐까 합니다.

유튜브의 가장 큰 장점은 시간과 장소의 자유를 준다는 것입니다. 정해진 시간에 출근할 필요도, 상사의 눈치를 볼 필요도 없습니다. 내가 원하는 시간에 원하는 장소에서 일할 수 있습니다. 이는 가족과 더 많은 시간을 보낼 수 있다는 의미이기도 합니다.

아이들의 학교 행사에 참석할 수 있고, 아픈 가족을 돌볼 수 있고, 함께 여행을 떠날 수도 있습니다. 돈을 버는 것도 중요하지만 그 과정에서 가족과의 소중한 시간을 놓치지 않는 것이 더욱 중요합니다. 이 책이 여러분께 돈 버는 방법만을 알려드리는 것이 아니라 진정으로 행복한 삶을 찾아가는 방향을 제시할 수 있다면 좋겠습니다.

성공이란 남들보다 더 많이 갖는 것이 아니라 자신이 진정으로 원하는 삶을 사는 것입니다. 그 삶에는 반드시 사랑하는 사람들이 함께 있어야 합니다.

머리글

유튜브는 그런 삶을 만들어가는 하나의 도구일 뿐입니다. 목적을 잊지 마시고 가족과의 시간을 소중히 여기시길 바랍니다.

이 책에서는 초보자들을 위해 가장 기초적인 것부터 차근차근 설명하려고 합니다. 어려운 전문용어나 복잡한 내용보다는 바로 적용할 수 있는 실용적인 방법과 다양한 AI 프로그램들 중 무엇을 다루어야 할지를 중점적으로 구성했습니다. 한 걸음씩 따라 하면 여러분도 유튜브로 안정적인 수익을 만들어낼 수 있을 것입니다.

가족과 독자분들에게 바치는 감사의 마음

이 책을 출간하며 먼저 감사의 인사를 드리고 싶은 분들이 있습니다. 바로 제 사랑하는 가족입니다.

사랑하는 가족이 있기에 여기까지 올 수 있었습니다. 처음 유튜브를 시작한다고 했을 때 반신반의하면서도 응원해준 당신들. 밤늦게까지 영상 편집을 하며 지칠 때 따뜻한 차 한 잔을 건네준 당신들. 조회수가 나오지 않아 좌절하고 있을 때 "괜찮다, 천천히 해도 된다." 위로해준 당신들.

넘어질 때마다 일으켜준 가족에게 진심으로 감사의 마음을 표하며 이 책을 바칩니다. 여러분의 사랑과 믿음이 없었다면 저는 지금 이 자리에 있을 수 없었을 것입니다. 성공의 기쁨을 함께 나눌 수 있는 사람들이 있다는 것, 그것이 저에게는 가장 큰 행복입니다.

이 책을 읽고 계신 여러분에게도 감사드립니다. 새로운 도전을 시작하려는 여러분의 용기에 박수를 보냅니다. 이 책이 여러분의 꿈을 실현하는 데 작은 도움이 될 수 있다면 그것으로 충분합니다.

여러분과 함께 걸어갈 여정

마지막으로 이 여정을 함께 걸어가게 될 여러분께 한 가지 약속드립니다. 이 책에 담긴 모든 내용은 제가 직접 경험하고 검증한 것들입니다. 이론적인 내용이 아닌 실제로 효과가 있었던 실전 노하우들입니다. 여러분이 이 책을 통해 실질적인 도움을 받으실 수 있을 것이라 확신합니다.

새로운 시작은 언제나 설레고 두렵습니다. 그 첫걸음을 내딛는 순간 여러분의 인생은 새로운 국면을 맞게 될 것입니다. 함께 걸어가요. 성공을 향한 이 여정을 그리고 가족과 함께하는 행복한 삶을 향한 이 길을 함께 걸어가요.

여러분의 성공을 진심으로 응원합니다.

2025년 8월
구스마일(구태한)

목차

머리글 ·· 004

PART 01   여러분도 도전할 수 있어요! 구스마일의 유튜버 도전

LESSON 01   게으른 아저씨, 유튜버에 도전하다 ··· 020
- 누구나 할 수 있는 유튜브 ·· 020
- 유튜브에 첫발을 내딛다 ·· 021
- 다시 시작한 유튜브, 월 수익 3,000만 원을 달성하다 ·················· 023

📋 **실천 노트** ▶ 휴대폰으로 유튜브 독학, 어렵지 않아요! ·················· 025

LESSON 02   벼랑 끝에 선 월 70만 원 가장도 성공했다! ························· 026
- 통기타 가수부터 방과 후 교사까지 ··· 026
- 다시 찾아온 기회를 놓치지 않다 ·· 028

PART 02   실패하지 않는 유튜브 주제 선정하기

LESSON 01   취미 생활을 영상으로 만들어보세요! ·································· 032
- 유튜브 채널은 덕업일치로 시작하자 ··· 032
- 어떤 덕업일치 콘텐츠가 좋을까 ·· 033

얼굴 공개 없이도 운영할 수 있다 ······································ 034
영상 품질 걱정 없는 채널 ·· 035
저작권 걱정 없는 리뷰 채널 ·· 035

**LESSON 02 좋아하는 것도, 잘하는 것도 없다면
어떻게 해야 할까요?** ·· 038

누구나 도전할 수 있는 AI 음악 채널 ································· 038
거리의 풍경을 담아 공유하는 채널 ···································· 040
정보를 전달하는 뉴스 요약 채널 ······································· 040
귀를 즐겁게 하는 ASMR 채널 ·· 041

LESSON 03 돈을 벌고 싶다면 수익성 높은 주제로 시작해보세요! ···· 042

시장 조사를 통해 주제를 검증하자 ···································· 042
조회수 대비 수익성이 큰 주제로 영상을 만들자 ················· 043

**LESSON 04 여러분의 사업에 도움이 되는
유튜브 채널도 도전해보세요!** ··· 045

사업체들이 유튜브를 하는 이유 ·· 045
오프라인 매장용 유튜브 채널 주제와 예시 ························· 046
온라인 사업용 유튜브 채널 주제와 예시 ···························· 047
사업체 유튜브 채널 운영 팁 ··· 048

목차

초보 유튜버를 위한 Q&A

- Q01 채널 이름은 어떻게 정해야 좋을까요? ········ 050
- Q02 하나의 계정으로 여러 채널을 운영할 수 있나요? ········ 051
- Q03 유튜브 채널을 운영하는 비용은 얼마가 적정한가요? ········ 052
- Q04 채널 주제는 꼭 한 가지에 집중해야 할까요? ········ 053
- Q05 트렌드를 빠르게 파악하는 노하우가 있나요? ········ 055

PART 03 | 쉽고 빠르게 유튜브 채널 시작하기

LESSON 01 3분 만에 끝내는 유튜브 채널 만들기! ········ 058
- 일단 유튜브 채널부터 만들자 ········ 058
- 캔바에서 채널 로고(사진) 만들기 ········ 060
- 캔바로 배너 이미지 만들기 ········ 065
- 채널에 로고(사진)와 배너 이미지 적용하기 ········ 068

실천 노트 구독 결정은 채널 홈 화면에서 좌우된다 ········ 069

LESSON 02 채널 개설 후 적용하면 유용한 채널 설정 방법이 있을까요? ········ 070
- 까먹기 전에 바로 설정하는 유튜브 채널 설정 ········ 070

📋 **실천 노트** 연락처 정보와 구독 버튼 추가하기 ·········· 074

LESSON 03 영상을 업로드할 때 이것만 챙겨도 노출이 달라져요! ·········· 075

📋 **실천 노트** 유튜브 영상 태그 정말 필요 없을까? ·········· 078
📋 **실천 노트** 유튜브 프리미어 기능으로 시청자와 소통하기 ·········· 083

LESSON 04 구독자 1,000명을 모았다면,
유튜브 수익 설정을 시작하세요! ·········· 084

유튜브 채널 수익화 조건 ·········· 084
유튜브 수익 창출 설정하기 ·········· 085

LESSON 05 유튜브 스튜디오를 알면 채널 분석 방법이 보여요! ·········· 088

유튜브 스튜디오 들여다보기 ·········· 088
내 채널에 독이 되는 분석 ·········· 093

초보 유튜버를 위한 Q&A

Q01 쇼츠와 롱폼(일반 영상) 중 무엇을 먼저 시작해야 할까요? ·········· 096
Q02 영상은 일주일에 몇 개씩 올려야 하나요? ·········· 098
Q03 유튜브 채널의 브랜딩 세팅 시기는 언제인가요? ·········· 099
Q04 갓 만든 채널도 유튜브 알고리즘에 노출될 수 있나요? ·········· 099

목차

PART 04 | AI와 도전하는 간편한 유튜브 영상 제작&편집

LESSON 01 지금이 바로 유튜브에 도전하기 좋은 때 ··········· 102
　　　　　유튜버 도전을 망설인다면 ··········· 102
　　　　　생각하는 것을 뚝딱 만들 수 있는 시대 ··········· 103

LESSON 02 초보도 시작할 수 있는 간단한 영상 편집 순서 ··········· 106
　　　　　영상 편집은 기초 3단계만 알면 된다 ··········· 106
　　　　　1단계 : 컷 편집 ··········· 107
　　　　　2단계 : 자막 ··········· 109

📋 **실천 노트** 자막 삽입할 때 알면 좋은 꿀팁 ··········· 110
　　　　　3단계 : 효과 ··········· 110

📋 **실천 노트** 컷 편집 공부가 중요한 이유 ··········· 112

LESSON 03 휴대폰 하나로도 영상 편집할 수 있는 시대 ··········· 113
　　　　　영상 편집, 이제는 어렵지 않다 ··········· 113
　　　　　캡컷 활용하기 ··········· 114

📋 **실천 노트** 캡컷에서 조금 더 빠르게 컷 편집하기 ··········· 123
　　　　　캡컷 자동 자막 기능 ··········· 126
　　　　　캡컷 자동 편집 기능(PRO 기능) ··········· 128

캡컷 사용 시 참고할 사항 — 131

실천 노트 ▶ PC 화면 녹화에 최적화된 OBS Studio — 132

LESSON 04 일일이 받아쓰지 말고 AI 프로그램을 활용하자 — 133

자막 작업에 최적화된 브루 — 133

AI로 자막 받아쓰기 — 134

브루에서 자막 편집하기 — 137

자막 파일로 자막 내보내기&자막 번역하기 — 138

실천 노트 ▶ AI 더빙과 다양한 추가 기능 — 139

LESSON 05 AI 더빙으로 목소리, 얼굴 노출 없이 유튜브 시작하기 — 141

유튜브 얼굴 노출! 필수 아닌 선택 — 141

실천 노트 ▶ 유튜브 AI 더빙 콘텐츠 수익화 정책 변화 — 142

AI 더빙으로 유튜브 만들기 — 143

AI 더빙, 이렇게 해보자 — 144

AI 더빙이 더 자연스럽게 들리려면? — 148

실천 노트 ▶ 나를 대신할 전문 성우 고용하기 — 152

LESSON 06 챗GPT 및 다양한 AI 프로그램 활용하기 — 153

호모 프롬프트의 시대 — 153

목차

챗GPT로 유튜브 배너, 로고 아이디어 얻기 — 154
유튜브 대본도 챗GPT로 작성할 수 있다 — 156

LESSON 07 유튜브 채널 운영에 유용한 프로그램 모음 — 160

❶ 쉽고 간편한 영상 편집 프로그램 — 160
❷ 영상 품질을 한 단계 올려줄 고급 영상 편집 프로그램 — 162
❸ 영상과 이미지를 생성해주는 AI 프로그램 — 166
❹ 유튜브 콘텐츠에 적합한 음원 사이트 — 169
❺ 아이디어를 얻는 대화형 AI 프로그램 — 172
❻ 기타 추천 프로그램 — 174

초보 유튜버를 위한 Q&A

Q 01 영상의 길이는 몇 분 정도가 적당한가요? — 177
Q 02 유튜브 시작 시 필요한 장비와 스마트폰 촬영의 효과적인 활용 방법이 있을까요? — 178
Q 03 영상을 찍고 편집하는 데 시간이 오래 걸려요. 어떻게 하면 시간을 줄일 수 있나요? — 179

PART 05　구스마일이 알려주는 유튜브 성공 공식 비밀 노트

LESSON 01　유튜브로 돈 버는 다양한 방법을 알고 싶어요! ─ 182
　　　　　　유튜브 광고로 수익 창출하기 ─ 182
　　　　　　외주 광고로 추가 수익 창출하기 ─ 183
　　　　　　유튜브를 활용한 사업체 고객 유입하기 ─ 185
　　　　　　유튜브 쇼핑 기능 활용하기 ─ 186

LESSON 02　이렇게 하면 채널이 급격히 성장한대요! ─ 188
　　　　　　채널 급성장을 위한 핵심 공식 ─ 188
　　　　　　클릭률을 높이는 방법 ─ 189
　　　　　　시청 지속 시간을 늘리는 방법 ─ 189

LESSON 03　숏폼이 중요할까요? 롱폼이 중요할까요? ─ 192
　　　　　　채널 성장의 진또배기는 롱폼이다 ─ 192

LESSON 04　알고리즘을 망치는 나쁜 습관 : 채널 성장의 함정 ─ 196
　　　　　　❶ 갑자기 주제를 변경하지 말자 ─ 196
　　　　　　❷ 지인들에게 채널을 알려주지 말자 ─ 197

목차

❸ 공개 채팅방과 커뮤니티에서 품앗이하지 말자 — 198
❹ 구글 애드센스로만 돈 벌 생각하지 말자 — 199

실천 노트 ▶ 유튜브 알고리즘을 망치는 나쁜 습관 네 가지 요약 — 199

LESSON 05 채널 운영할 때 이건 꼭 주의하세요! — 200
유튜브 채널 운영 시 반드시 주의해야 할 네 가지 — 200

실천 노트 ▶ 유튜브 채널 운영 시 주의해야 할 점 네 가지 요약 — 203

LESSON 06 구글이 말하는 잘되는 채널의 10가지 공통점은? — 204
❶ 공유성 : 사람들이 공유할만한 콘텐츠인가? — 204
❷ 대화 : 시청자들과 소통하고 있는가? — 205
❸ 상호작용 : 시청자와 상호 교류하고 있는가? — 205
❹ 일관성 : 일관된 콘텐츠를 만드는가? — 206
❺ 타기팅 : 시청자가 누구인지 파악했는가? — 206
❻ 지속 가능성 : 꾸준히 만들 수 있는 주제인가? — 207
❼ 검색 가능성 : 사람들이 검색할만한 주제인가? — 209

실천 노트 ▶ 검색량을 확인하는 간단한 방법 — 210

❽ 접근성 : 신규 시청자의 관심을 끌 수 있는가? — 210
❾ 콜라보레이션 : 다른 유튜버와 협업할 가능성이 있는가? — 211

| 실천 노트 | 콜라보레이션이 잘 맞는 유튜브 카테고리 | 212 |

❿ 아이디어 얻기 : 영상을 만드는 과정이 즐거운가? ········· 213

LESSON 07 이렇게 하면 내 영상이 상단에 노출돼요! ········ 215

유튜브 알고리즘이 상단 노출을 결정하는 기준 ········ 215
최신 영상이 유리하다 ········ 216
내 영상을 상단에 띄우는 실전 전략 ········ 216

LESSON 08 이렇게 하면 채널 성장에 도움이 됩니다! ········ 219

❶ 이렇게 설정하면 검색어에 바로 꽂힌다 ········ 219

| 실천 노트 | 유튜브 키워드 아이디어 얻기 | 221

❷ 구독해달라고 요청하자 ········ 221
❸ 피크 타임 2시간 전 법칙 ········ 222
❹ 한국에는 한국어로, 외국에는 외국어로 동시 노출하자 ········ 223

초보 유튜버를 위한 Q&A

Q 01 유튜브 알고리즘의 기본 원리와 검색 최적화를 위한 제목, 설명 작성 방법은 무엇인가요? ········ 225

목차

- **Q 02** 유튜브 광고 외에 돈 버는 방법은 무엇이 있을까요? ······ 226
- **Q 03** 시청자를 불편하게 하지 않는 유튜브 광고 설정은
  어떻게 해야 할까요? ······ 227
- **Q 04** 메인 채널에서 멀티 채널로 확장하는 전략과 적절한
  시기는 언제인가요? ······ 228
- **Q 05** 채널 성장 정체기 극복 전략과 번아웃 예방을 위한
  마인드셋은 무엇인가요? ······ 230
- **Q 06** 악성 댓글 대처와 관리는 어떻게 해야 할까요? ······ 231
- **Q 07** 구독자 1,000명 확보를 위한 단계별 전략은 무엇인가요? ······ 232
- **Q 08** 유튜브로 월 1,000만 원 수익을 꿈꾸는 사람들에게
  전하는 조언이 있을까요? ······ 233

EPILOGUE '게으른 아저씨' 구스마일이 전하는 응원의 메시지 ······ 236

PART 01

여러분도 도전할 수 있어요! 구스마일의 유튜버 도전

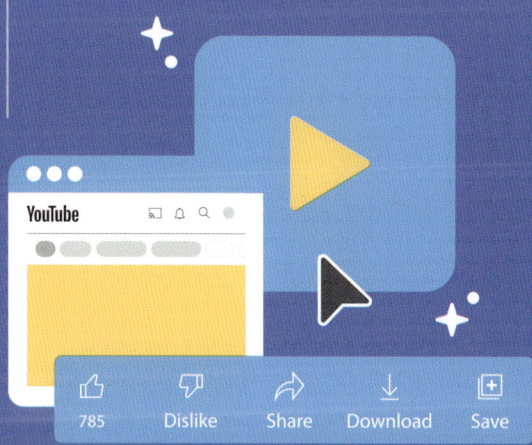

LESSON 01

게으른 아저씨,
유튜버에 도전하다

누구나 할 수 있는 유튜브

"유튜브나 해볼까?"라는 생각을 해본 적이 있으신가요? 직장인의 '2대 허언'에는 '유튜브 하기'가 있을 정도로 유튜버를 꿈꾸는 사람이 많습니다.

그렇다면 어떤 사람들이 유튜브를 시작해 성공할 수 있을까요? 끼가 많거나 영상 관련 전공을 해야 할까요? 그렇지 않습니다. 저는 평범하고 게으른 아저씨인데도 나름 안정적인 수입을 가진 유튜버가 되었습니다. 후배 유튜버를 양성하는 교육도 하고 있지요.

제가 얼마나 게으른지 살짝 말씀드리면, 하루에 최소 9시간 이상을 자야 합니다. 잠 때문에 직장도 다녀본 적이 없습니다. 대학 시절에 실습 삼아 나간 직장에서 단 일주일을 다니고 다짐했습니다. "나는 절대 직장을 다니지 않을 거야! 너무 귀찮고 힘들어."

이렇게 게으른 제가 어떻게 월 1,000만 원을 버는 유튜버가 되었을까요? 유튜브 관련 학원에 다녔냐고 물어보는 분들도 있습니다. 다시 말씀드리지만 저는 게을러서 학원에 다닐 생각조차 해본 적이 없습니다. 유튜브도 집에 누워서 휴대폰으로 배웠습니다.

영상에 대해서도 아무것도 몰랐습니다. 그저 휴대폰으로 딸아이 일상을 찍는 것밖에 할 줄 몰랐지요. 전문적으로 촬영하거나 편집하는 작업은 남의 이야기인 줄만 알았습니다. 베가스 프로(VEGAS Pro), 어도비 프리미어 프로(Adobe Premiere Pro), 포토샵 같은 프로그램은 들어보지도 못했습니다. 유튜브를 시작할 당시 제 나이가 30대 후반이었으니 평범한 아저씨였던 것이지요.

유튜브에 첫발을 내딛다

영상에 문외한이고 게으른 아저씨가 어떻게 유튜브 시장에서 성공했을까요? 그 비결은 좋아하는 주제로 방송을 했기 때문이라고 생각합니다. 저는 게임을 정말 좋아하는데 초등학생 때도 부모님 몰래 친구들과 오락실에 가는 일이 세상에서 가장 재밌었지요. 게임 실력이 꽤 뛰어났던 덕분에 오락실에 가면 꼬마 친구들이 "그 형 왔다!"며 제가 게임을 하는 것을 구경하곤 했습니다.

유튜브에 관심을 둔 계기도 게임 방송을 하는 대도서관 님의 유튜브 채널을 알게 된 이후였습니다. 대도서관 님의 유튜브에 나오는 게임은 어릴 때 했던 오락실 게임과는 차원이 달랐습니다. 대도서관 님의 팬이 되어 영상을 챙겨 보았고 영상을 기다릴 때는 가슴이 두근거렸습니다.

게다가 게임 유튜버의 월 수익이 3,000만 원이라는 기사를 보았을 때 세상이 크게 달라졌구나 싶었습니다. 저렇게 내가 좋아하는 게임을 하며 돈을 벌고 싶다는 생각이 들었습니다. 그러나 전문 게임기는 상당히 고가였기에 망설여졌습니다. 그런데 이 이야기를 들은 어머니께서 과감히 게임기를 구입하라며 돈을 주셨습니다. 지금 생각해보면 눈물이 핑 돕니다.

게임 유튜브를 하기 위해 구매했던 플레이스테이션4

어머니께서 무슨 돈이 있으셔서 그 돈을 주셨는지 또 저는 무슨 생각으로 그 돈을 덥석 받았는지 죄송스러움과 감사함이 몰려왔습니다. 그렇게 꿈에 그리던 전문 게임기를 구입했습니다. 꼭 유튜브로 성공해서 효도하겠다는 마음으로요.

유튜브를 시작하려면 많은 것을 공부해야 했습니다. 게임 화면을 녹화하는 방법부터 마이크 사용법까지 하나하나 익혀야 했지요. 이미 유튜브에는 관련 강의가 널려있었습니다. 독학으로 모든 걸 배울 수 있는 시대라 학원을 갈 이유가 없었지요. 하긴 학원을 갈 생각이었으면 시작도 안 했을 저이지만요.

약 3주간 집중해서 유튜브 관련 내용을 휴대폰으로 공부했습니다. 지금 생각해보면 이 시기에 배웠던 방법들이 저를 이 자리에 있게 했고 지금도 그 방법들을 잘 사용하고 있습니다.

그렇게 유튜브와 아프리카TV를 시작했습니다. 어땠을까요? 멋지게 성공하여 어머니께 기쁜 소식을 전해드렸을까요? 아니요, 현실은 참담했습니다. 조회수는 두 자릿수를 넘기기 힘들었습니다. 저는 약 40개의 영상을 업로드한 후 포기하고 말았습니다.

다시 시작한 유튜브, 월 수익 3,000만 원을 달성하다

당시 건강 문제도 한몫했지만 노력과는 다르게 가는 조회수 그래프에 상심이 컸던 기억이 납니다. 약 1년간 유튜브 채널을 방치해두고 쳐다보지도 않았습니다. 게임기에도 먼지가 소복이 쌓였습니다. 그러다 게임기를 볼 때마다 어머니가 떠올랐고 죄송함과 죄책감이 밀려와 다시 시작해야겠다는 결심을 했습니다.

한동안 영상을 만들지 않았더니 많은 부분이 기억나지 않더군요. 며칠간 강의들을 다시 챙겨보며 공부했더니 한번 익혔던 기술이라 금방 감각을 되찾았습니다. 심화 강의까지 섭렵해서 포토샵 실력도 한층 향상되었지요. 그렇게 다시 시작한 게임 유튜브는 놀랍게도 조회수가 세 자릿수를 기록하게 되었습니다. 6개월 동안 꾸준히 영상을 올린 결과, 월 30만 원 정도의 부수입이 생겼습니다.

조회수 그래프가 오랜 기간 오르지 않다가 서서히 상승하는 모습

채널이 계속 상승세를 타더니 그로부터 2개월 후에는 월 60만 원의 수익을 달성했습니다. 저는 아내에게 "올해 안에 이 채널을 월 100만 원 수익이 나는 채널로 만들어보겠다!"고 말하기도 했습니다. 그해 겨울, 유튜브를 다시 시

작한 지 약 10개월 만에 월 100만 원 수익이 났습니다. 게임 유튜브 수익이 본업의 수익을 넘어선 거지요.

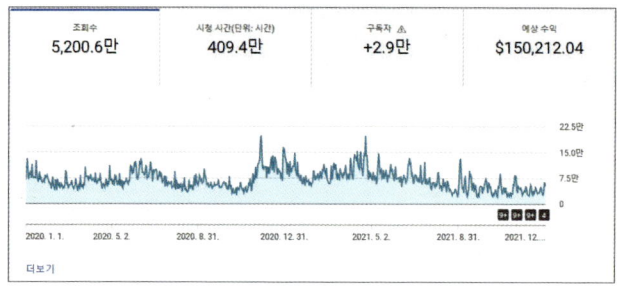

2년 동안의 수익 그래프, 예상 수익은 약 15만 달러(한화 약 2억 원)

이후 여러 채널을 시도했는데요. 그중 드라마 리뷰 채널로 월 수익 3,000만 원을 기록하게 되었지요. 영상에 대해 아무것도 몰랐던 한 아저씨가 유튜브에 올라온 강의만으로 독학하여 월 3,000만 원의 수익을 올리는 유튜버가 된 것입니다.

드라마 리뷰 유튜브로 월 3.3만 달러 수익 달성,
세금 공제 후 실 수령액은 약 3,300만 원

📔 구스마일의 돈 버는 유튜브 실천 노트

휴대폰으로 유튜브 독학, 어렵지 않아요!

게으른 아저씨는 어떻게 유튜브만으로 독학할 수 있었을까요? 집에서 휴대폰으로 배웠다는 사실이 과연 어떻게 가능하다는 것인지 궁금하실 거라 생각합니다.

유튜브는 검색 플랫폼이기도 합니다. 유튜브에 각종 강의를 검색만 하면 다 나옵니다. 예를 들어, '포토샵 강좌'로 검색하면 훌륭한 강의 콘텐츠가 줄지어 나오는데요, 이것들을 하나하나 보는 겁니다. 이때, 저만의 노하우는 1강부터 진행되는 강의 콘텐츠를 순서대로 찾아서 보는 겁니다. 단발성 강의보다 1강부터 순서대로 이어지는 강의가 훨씬 체계적인 편인데요, 마치 학원에서 배우는 것처럼 A부터 Z를 알려주기 때문입니다.

다만, 이런 영상은 조회수가 높지 않습니다. 유튜브라는 공간은 빠르고 자극적인 콘텐츠가 반응이 많은 곳이므로, 강의 영상조차 단발성 강의로 빠르고 자극적인 콘텐츠가 조회수도 잘 나오고 상단에 배치되어 있지요.

그러므로 1강부터 진행되는 강의 콘텐츠들은 잘 찾아봐야 합니다. 이를테면, 1강부터 10강까지 장장 5시간씩 걸리는 깊이 있는 강의 영상을 보길 추천합니다. 단발성 강의를 이것저것 보는 것도 하나의 방법이지만, 체계적인 강의 형태로 기본 설치부터 기본 용어 등 기본기를 잘 잡아주는 강의를 한번 섭렵하는 것이 좋습니다. 그래야 단발성 강의들을 보았을 때 기본들이 잘 응용되기 때문입니다.

LESSON 02
벼랑 끝에 선
월 70만 원 가장도 성공했다!

통기타 가수부터 방과 후 교사까지

　유튜브를 시작하기 전의 제 이야기를 더 들려드리겠습니다. 저는 아내와 딸을 부양해야 하는 가장이었고 공연을 다니며 생계를 이어야 하는 무명 가수였습니다.

　공연 수입이 괜찮고 음반 판매가 잘될 때는 한 달에 200만 원도 벌었지만 공연이 없을 때는 수입이 순식간에 0원이 되기도 했습니다. 당시 수익을 기록한 노트가 있는데, 1년간 평균 수익을 계산해보니 월 70만 원이더군요.

　당시 월세를 내지 못해 집주인이 집으로 수시로 찾아오곤 했습니다. 둘째를 가진 아내와 함께 숨죽이며 지냈는데, 힘겨웠던 날이 계속돼서인지 아내는 둘째를 유산했습니다. 무리한 스케줄 때문에 제 성대에도 이상이 생겨 공연조차 마음대로 할 수 없게 되었습니다.

　수입이 없으니 신용카드로 연명했는데 카드 리볼빙도 금세 한계치에 다다랐습니다. 가난한 가장의 최후였지요. 마치 벼랑 끝에 서있는 기분이었습니다. 이 모든 걸 끝내면 참 편하겠다는 생각에 사로잡힌 우울한 날들이었습니다.

하지만 하루가 다르게 성장하는 귀여운 딸을 보며 포기하기보다는 새로운 방법을 찾아야겠다고 결심했습니다. 생각을 전환하자 희망의 한 줄기 빛이 보였고, 비록 성대 이상으로 목은 쓸 수 없지만 손은 멀쩡하다는 사실을 깨달았습니다.

가수 활동 시절 기타를 치며 노래했던 경험을 살려 기타 레슨을 해야겠다는 생각이 들었습니다. 집에서 직접 전단지를 만들고 프린트해서 거리에 나섰습니다. 돌이켜보면 제 인생에서 가장 부지런한 시기였습니다.

당시에는 〈슈퍼스타K〉(2009~2016)의 열풍 덕분에 기타에 대한 관심이 높아져서 레슨은 생각보다 잘되었습니다. 시대의 흐름이 우연히 맞아떨어진 거지요. 이러한 경험으로 시대의 흐름을 읽을 줄 알아야 한다는 교훈을 뼛속 깊이 새겼습니다. 아내도 어린이집 교사로 취업하여 한계치에 다다랐던 카드 빚을 몇 개월 만에 모두 갚을 수 있었습니다. 삶은 조금씩 나아지는 듯했습니다.

지독한 가난 속에 오래 머물러서일까요? 열심히 사는데도 삶이 크게 바뀌지는 않았고 쳇바퀴를 도는 기분이었습니다. 늘 빠듯했고 늘 부족했습니다. 무언가 도전이 필요했고 이 무렵 유튜브라는 것을 알게 되었지요. 앞에서 말한 유튜버 첫 도전 실패가 바로 이 시기였습니다.

한때 뜨거웠던 통기타 유행은 어느새 열기를 잃어버리더군요. 중학교 방과 후 통기타반은 폐강되었습니다. 초등학생을 가르치는 통기타 교습소가 유일한 수익원이 되었고 월수입은 절반 이하로 추락했습니다.

다시 찾아온 기회를 놓치지 않다

통기타 교습소를 운영하면서 아이들의 이야기가 늘 제 귀에 들려왔습니다. 초등학생 제자들이 가장 자주 나누는 대화 주제는 게임이었습니다. 아이들은 집으로 돌아갈 때도 쉬는 시간에 잡담을 나눌 때도 늘 게임 이야기를 했습니다. 어머니께서 사주신 게임기에 먼지가 소복이 쌓여있는 것이 마음 한구석에 자리하고 있었던 저는 그들의 이야기가 어떤 신호처럼 들려왔습니다. 그래서 수업을 마치고 가방을 싸는 것을 도와주며 아이들에게 물어보았습니다.

"너희들이 말하는 스파이크가 손오공 같은 게임 캐릭터니?"

그러자 아이들이 의외라는 표정을 지었습니다. 그중 붙임성이 좋은 한 아이가 "선생님은 게임 안 하세요?"라고 물어보았습니다. 한때 게임왕이었던 저는 의기양양하며 한때 선생님이 게임을 얼마나 잘했는지 떠들어댔습니다. 아이들은 잠시 관심을 보이다가 곧 자기들끼리 아는 이야기를 했습니다. 제가 했던 게임들은 아이들에게 관심의 대상이 아니었죠. 그래서 재차 물었습니다.

"그래서 너희들이 하는 게임 이름이 뭐야?"

그때 들었던 게임이 바로 〈세븐나이츠〉였습니다. 고가의 게임기도 아니고 PC로 하는 게임도 아닌 휴대폰으로 하는 게임이었습니다. 그날 바로 〈세븐나이츠〉를 휴대폰에 설치했고 오랜만에 게임에 깊이 빠졌습니다.

수업 시간 외에는 오직 그 게임에 몰두했습니다. 그렇게 3주 만에 〈세븐나이츠〉의 상위 1% 등급 안에 들었습니다. 아이들은 그 사실을 알고 경악했습니다. 아무리 멋진 연주를 해도 보여주지 않았던 존경의 눈빛으로 저를 쳐다보았습니다.

"아니 선생님, 어떻게 하신 거예요?"

저는 아이들과 가깝게 소통하는 친구 같은 선생님이 되었습니다. 그렇게 되니 수업도 더 잘 따라왔지요. 그러던 어느 날, 한 아이가 말했습니다.

"선생님, 실력의 비결을 유튜브로 찍어보세요."

통기타 실력의 비결이 아닌 상위 1%에 들었던 게임 실력의 비결을 찍어보라는 것이었습니다. 그렇게 1년 동안 방치되었던 유튜브 채널에 영상을 다시 올리기 시작했습니다. 그로부터 약 10개월 뒤 저는 월 100만 원의 유튜브 수익을 낼 수 있게 되었습니다.

유튜브 채널 '구스마일'로 받은 실버 버튼

구독자는 10만 명을 돌파했고 교습소에는 실버 버튼이 걸렸지요. 아이들 사이에서는 입소문이 나서 한때 교습소 원생이 늘어나기도 했습니다. 하지만 이후에 코로나 팬데믹이 덮쳤고, 교습소는 휴강 명령으로 문을 닫았다가 결국 폐업하게 되었습니다.

코로나 팬데믹이 한풀 꺾였을 때 다시 교습소를 할 수도 있었지만, 그사이

저는 드라마 리뷰 유튜브까지 도전하여 인생 최대의 수익을 여러 차례 갱신했습니다.

이렇게 월 70만 원을 벌던 가장이 코로나 팬데믹 속에서도 흔들리지 않고 월 3,000만 원을 버는 가장으로 변신할 수 있었습니다. 그 변화의 중심에는 유튜브가 있었습니다.

유튜브는 단순한 수익 창출 도구를 넘어 제 인생의 새로운 가능성을 열어주었습니다. 물론 과정이 쉽지만은 않았습니다. 시행착오도 많았고 포기하고 싶을 때도 있었습니다. 하지만 끊임없이 배우고 도전하며 한 걸음씩 나아간 끝에 결국 저는 원하는 결과를 이뤄낼 수 있었습니다.

이제 제가 직접 경험하며 터득한 노하우와 성공으로 가는 과정에서 깨달은 중요한 원칙들을 하나씩 나누려 합니다. 이를 통해 여러분도 자신의 이야기를 유튜브라는 무대를 통해 새로운 기회를 만들어갈 수 있기를 바랍니다.

PART 02

실패하지 않는
유튜브 주제 선정하기

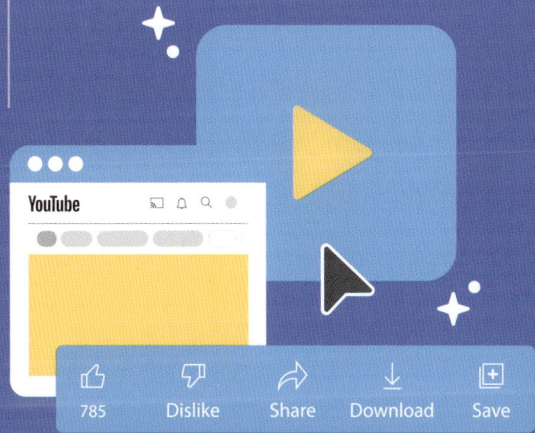

취미 생활을
영상으로 만들어보세요!

유튜브 채널은 덕업일치로 시작하자

'덕업일치'라는 표현을 들어보셨나요? 특정 분야에 전문가 이상으로 몰두한 사람, 이른바 '덕후'라고 불리는 사람이 취미를 직업으로 갖게 되는 것을 뜻합니다. 말 그대로 취미와 직업이 일치되는 것이죠. 제가 게임 덕후에서 게임 유튜버를 직업으로 삼게 된 것처럼 말입니다.

예전에는 게임에 몰두하거나 드라마에 깊이 빠져드는 일이 직업으로 이어질 것이라고는 상상조차 하지 못했을 겁니다. 그런 일에 시간을 쏟으면 "그거 잘한다고 밥이 나오냐, 쌀이 나오냐?"는 핀잔을 듣기 일쑤였지요.

그러나 시대가 변했습니다. 게임이나 드라마 관련 유튜브 콘텐츠를 제작해 수익을 창출할 수 있는 세상입니다. 사람들은 프로게이머의 경기뿐 아니라 평범한 아저씨가 게임을 하는 영상도 즐겨봅니다. 심지어 자신보다 게임을 못하는 유튜버의 플레이도 재미있게 보기도 합니다.

영화도 영화 평론가의 분석보다 일반인의 영화 리뷰 영상을 더 재미있게 시청하기도 합니다. 이러한 모든 관심은 조회수로 나타나고 그 조회수는 수익으로 연결됩니다. 대형 채널, 매체가 독점했던 미디어의 힘이 이제는 개인들에게 분배된 시대가 된 것이죠.

게임을 재미있게 하는 것만으로도 충분히 유튜버에 도전할 수 있습니다.
(이미지 생성 AI로 제작)

어떤 덕업일치 콘텐츠가 좋을까

덕업일치를 실현할 수 있는 콘텐츠를 더 찾아봅시다. 레고 덕후라면 다양한 레고 제품을 언박싱하고 리뷰하는 콘텐츠를 만들 수 있습니다. 신작 레고 세트를 꼼꼼히 살펴보며 가격 대비 만족도를 분석하거나 직접 조립하는 과정과 노하우를 공유하는 영상도 좋은 아이디어가 될 수 있습니다. 라이브 스트리밍을 통해 구독자들과 함께 레고를 조립하는 것도 색다른 콘텐츠가 될 수 있겠죠.

프라모델이나 피규어를 언박싱하고 리뷰하는 콘텐츠도 있습니다. 애니메이션 팬들이 좋아하는 건프라나 캐릭터 피규어를 소개하고 조형의 정교함, 색감, 관절 가동성, 포즈 연출 가능성 등을 평가하고 실질적인 구매 팁을 제공하는 방식입니다.

요리 콘텐츠도 덕질과 결합될 수 있습니다. 영화나 만화, 애니메이션에 나오는 음식을 현실에서 직접 재현하는 콘텐츠를 만드는 것도 재미있는 아이디어입니다.

또 무엇이 있을까요? 여행과 덕질을 결합하는 것도 좋은 아이디어입니다. 만약 여행 유튜버가 애니메이션 덕후라면 일본 애니메이션 성지순례를 떠나거나 한류 드라마 촬영지를 탐방하는 등 독창적인 콘셉트로 시청자들의 관심을 모을 수 있습니다.

이처럼 여러분의 덕질이 단순한 취미를 넘어 다른 사람들과 소통하고 공감을 나누며 나아가 수익까지 창출할 수 있게 됩니다. 이제는 덕후의 열정이 성공의 열쇠가 되는 시대입니다. 이 책을 읽고 계신 여러분도 잠시 책을 덮고 생각해보시면 좋겠습니다. 전문가 못지않게 열정을 쏟는 취미가 있나요? 아니면 내가 가진 취미가 상당한 실력에 도달해있지는 않나요? 이제는 그 열정을 유튜브라는 플랫폼에서 펼쳐볼 차례입니다.

얼굴 공개 없이도 운영할 수 있다

제가 처음 게임 방송을 시작한 이유는 제가 좋아하는 분야라 보여주고 싶은 게 많은 것도 있었지만, 얼굴이나 신상을 노출하지 않고도 게임 화면만으로 콘텐츠를 제작할 수 있었기 때문입니다.

이처럼 게임 방송이나 리뷰 채널은 유튜버가 얼굴을 드러내지 않고 촬영할 수 있다는 점에서 매력적입니다. 제 채널 중 게임 유튜브 채널은 얼굴을 노출하는 형태로 발전시켰지만 드라마 유튜브 채널은 여전히 얼굴을 공개하지 않는 방식으로 운영하고 있습니다.

지금은 AI로 생성한 내레이션, 이미지나 영상을 활용하는 채널도 점차 많아지고 있습니다. 물론 인터넷에 널린 데이터를 재가공하는 차원에 그치는 채널도 있습니다만, 본인만의 독특한 감성과 정보를 추가해 잘 운영해나가는 채널도 많기 때문에 참고가 됩니다.

영상 품질 걱정 없는 채널

영화나 드라마 리뷰 채널은 촬영에 큰 노력을 들이지 않아도 영상 품질이 자연스럽게 보장됩니다. 이러한 영상은 이미 영상미가 뛰어나므로, 영상 품질을 높이느라 걱정할 필요가 없습니다. 적절한 편집에 영화나 드라마를 보고 느낀 감상이나 분석을 정리하면 됩니다. 이러한 점에서 영화나 드라마 리뷰 채널은 게임 채널보다도 제작하기 수월한 편입니다.

게임 방송도 유사한 면이 있습니다. 게임 방송에서 사용하는 화면은 이미 게임 제작사의 전문가들이 완성도 높은 그래픽으로 만든 것을 활용합니다. 유튜버가 직접 화면을 제작할 필요 없이, 게임 화면을 녹화하기만 하면 된다는 뜻이죠. 물론 게임 채널은 유튜버의 뛰어난 게임 실력과 전략을 공유할 수 있어야 한다는 점은 고려해야 합니다.

저작권 걱정 없는 리뷰 채널

영화, 드라마 리뷰 채널에서 가장 어려운 부분은 저작권 문제입니다. 게임 채널 역시 실질적으로 게임사가 송출권(방송할 권리)을 소유하고, 게임 캐릭터 등 게임 내에 활용된 그래픽 모두 게임사의 저작권 아래에 있습니다.

그런데 왜 게임사는 게임 유튜버들에게 저작권 경고를 하지 않을까요? 그 이유는 게임 유튜버의 영상을 본 시청자들이 새로운 유저로 게임에 유입되기 때문입니다. 게임사 입장에서는 유튜버에게 저작권 경고를 할 이유가 없다고 볼 수 있습니다.

> **TIP** 게임 제작사에 따라 게임을 올바르지 못한 방식으로 플레이하여 영상 콘텐츠로 만들거나, 사회적으로 민감한 주제로 연결해 즐기는 방식으로 콘텐츠를 만든 스트리머, 유튜버에게 경고한 사례도 외국에서는 보고되고 있습니다. 게임으로 영상 콘텐츠를 만든다면 유튜브의 정책적인 측면, 게임사의 정책적인 측면도 충분히 고려해야 합니다.

영화, 드라마 리뷰 채널도 이와 비슷한 관점에서 접근할 수 있을까요? 만약 시청자들이 영화, 드라마 유튜버의 영상을 보고, 볼 계획이 없던 드라마를 알게 되고, 결국 드라마를 시청하게 된다면, 제작사는 이를 협업의 일환으로 볼 것입니다. 이것이 바로 유튜버와 제작사 간의 선순환 관계라 할 수 있습니다.

그러나 저작권 경고를 받는 채널들을 자세히 살펴보면 시청자가 해당 영상을 통해 드라마를 보지 않아도 될 만큼 모든 내용을 알게 되거나, 심지어 결말까지 스포일러해버리는 경우가 많습니다. 제작사 입장에서 이러한 영상은 협업이 아니라 작품의 가치를 훼손한다고 볼 것입니다. 그렇기 때문에 저작권 경고가 부여되는 것이지요.

가장 좋은 방법으로는 제작사와 협의된 작품을 다루는 방법이 있습니다. 이를 화이트 리스트라고 합니다. 제작사에 미리 협조를 구해서 일정한 가이드라인을 받고, 그 가이드라인을 어기지 않는 선에서 제작하는 방법입니다. 제작사의 허락을 받았으므로 저작권 문제가 없는 리뷰를 할 수 있게 됩니다. 화이트 리스트를 받으려면 제작사나 배급사에 직접 메일을 보내 요청하면 됩니다.

보통 큰 인기를 끄는 작품들은 유튜버에게 쉽사리 협의해주지 않지만, 독

립영화나 상대적으로 덜 알려진 작품들은 협의가 성사될 가능성이 높습니다. 역지사지로 생각해보면 당연합니다. 한창 흥행가도를 달리는 작품들은 리뷰 채널의 영상이 콘텐츠로의 유입을 방해할 수 있어 제재하는 반면, 홍보 예산이 부족한 작품들은 유튜버들의 바이럴 마케팅이 도움이 되기에 협조적인 태도를 보이는 것입니다.

유튜버가 핵심 내용을 잘 정리하고 매력적으로 편집하면, 다소 지루하게 느껴질 수 있는 작품도 흥미로운 콘텐츠로 재탄생할 수 있습니다.

이러한 리뷰 방식은 창작자와 유튜버(리뷰어) 모두에게 긍정적인 영향을 미치는 건강한 관계라고 할 수 있습니다. 이렇게 유튜브 채널이 성장하고 구독자가 늘어나면, 점차 더 유명한 작품과 협업할 기회를 얻게 됩니다.

하지만 최근 문제가 되었던 '패스트 무비' 형식의 콘텐츠처럼 원작의 장면들을 무분별하게 짜깁기하여 몰아보기 형태로 제공하는 것은 위험합니다. 이는 창작자와 유튜버 간의 선순환 관계가 아니라, 원작의 가치를 훼손하는 행위로 볼 수 있습니다. 건전한 방식의 리뷰 콘텐츠를 통해 구독자와 소통하며 성장하는 것이 중요합니다.

제작사와 협업한다는 마음가짐을 가지면, 할 수 있는 일이 많아집니다. 이미 완성된 콘텐츠를 기반으로 2차 창작을 주제로 삼는다면 유튜버로 활동할 수 있는 길이 보다 쉽게 열릴 것입니다.

LESSON 02

좋아하는 것도, 잘하는 것도 없다면 어떻게 해야 할까요?

스스로를 돌아보았을 때, 특별히 열정을 갖고 있는 취미나 잘하는 일이 없다고 느끼는 분들도 있을 것입니다. 그런 분들에게 유튜브를 쉽게 시작할 수 있는 몇 가지 채널 아이디어를 권해드리고자 합니다.

누구나 도전할 수 있는 AI 음악 채널

첫 번째는 AI 음악 채널입니다. AI의 작곡 능력이 이제는 상당 수준에 도달했습니다. 저처럼 음악을 전공한 사람에게는 때로 허탈감을 줄 정도인데요. 하지만 큰 시대적 변화를 부정적인 시선으로 바라보며 팔짱을 끼고 있을 수는 없습니다. 변화는 일어나고 있고 과거의 많은 변화들이 그러했듯 결국 AI를 활용하는 것이 너무도 당연한 세상이 올 것입니다. 인간이 창의력을 담당하고 AI가 이를 보완하는 시대가 열리고 있는 것이지요.

> **TIP** AI로 음악을 제작하는 서비스는 다양합니다. 대표적으로 수노(SUNO)가 널리 사용되고 있습니다. 음악을 제작하는 방법도 텍스트 프롬프트만 사용하면 되어 어렵지 않고, 무료 회원 가입 후 제공되는 크레딧을 활용해 테스트로 음악을 생성해볼 수도 있습니다.

AI 음악 채널이란 사람들이 일상생활에서 틀어놓는 배경음악을 제작하여 유튜브에 업로드하는 채널을 말합니다. 편안하고 심신을 이완시켜주는 음악, 잠이 오지 않을 때 듣는 몽환적인 음악 등을 제공하는 채널인 것이죠.

이런 음악은 오랜 시간 틀어놓을 수 있어 실생활에서 유용한 콘텐츠가 됩니다. 현재 AI를 활용해 이러한 음악을 작곡해 올리는 채널이 많이 등장하고 있으며 음악 전공자가 아니더라도 AI가 작곡한 곡을 활용할 수 있습니다. 또한 영상 화면은 AI가 생성한 그림으로 구성할 수 있어요.

AI가 만든 음악과 그림이 저작권을 가질 수 있는지에 대한 논의는 아직 확정되지 않았지만 유튜버는 독점적 저작권을 확보하는 게 목적은 아닙니다. 중요한 것은 '이 콘텐츠로 수익 창출이 가능한가'입니다.

독점적 저작권을 가지지 못하면 이후에 다른 사람이 내 음악을 사용할 수도 있지만, 내가 해당 콘텐츠를 최초로 공개한 사람이라면 그로 인한 수익은 계속해서 받을 수 있다는 점이 핵심입니다. 대부분의 생성형 AI 프로그램은 유료 회원 가입 후 생성한 이미지나 음악, 영상을 해당 사용자에게 저작권을 부여하고, 상업적 활용도 가능하다고 합니다. 다만, 누군가 내가 생성한 것을 도용했을 때 법리적으로 따지는 것은 아직 완전히 해결되지 않은 문제라는 점을 인식하면 됩니다.

이 점을 이해한다면 AI를 활용하여 유튜브 채널을 운영할 수 있습니다. 이런 채널은 특별한 기술도 특별한 열정도 필요 없습니다. 다만 이 채널의 성장세는 천천히 이루어질 수 있으므로 마치 식물을 키우는 마음으로 채널을 성장시켜 나간다면 언젠가는 수익 창출의 순간을 맞이할 수 있을 것입니다.

거리의 풍경을 담아 공유하는 채널

두 번째는 거리를 촬영하는 채널입니다. 말 그대로 한국의 거리를 돌아다니며 풍경을 영상으로 담아 업로드하는 채널인데요. 주로 해외 시청자들이 한국 현지의 풍경이나 거리를 궁금해하는 경우가 많아 조회수 잠재력이 높습니다. '서울 야경 산책', '한국 아침 출근길 풍경' 같은 콘텐츠이죠. 걷기가 아닌 드라이브 영상 채널도 가능합니다. 한국의 여러 풍경을 드라이브를 통해 촬영하는 것이죠.

촬영할 때는 특별한 기술이나 장비도 필요 없습니다. 스마트폰과 필요하다면 짐벌로 촬영하면 충분합니다. 이런 채널은 말을 하지 않고 그저 풍경만을 보여주므로 언어의 장벽을 쉽게 넘어 확장할 수 있는 장점이 있습니다.

스마트폰과 짐벌만 있다면 도전할 수 있는 풍경 콘텐츠도 인기가 있습니다.
(이미지 생성 AI로 제작)

정보를 전달하는 뉴스 요약 채널

세 번째는 뉴스 정보 요약 채널입니다. 요즘 뜨는 화제의 소식을 간단히 요약하고 자막과 AI로 생성한 내레이션으로 전달하면 됩니다. 이런 채널도 얼굴과 목소리를 노출하지 않고 제작할 수 있습니다. 뉴스를 요약하는 것만으로도 충분히 매력적인 콘텐츠이거든요. 정보를 가져와 챗GPT나 클로드(Claude), 퍼플렉시티(Perplexity)와 같은 프로그램으로 요약, 정리하여 더빙하면 됩니다. 아래와 같은 주제로 접근이 가능하겠죠?

- 오늘 꼭 알아야 할 다섯 가지 경제 뉴스
- 지금 화제가 되는 정치 이슈 간단 정리
- 다음 주부터 시행되는 새로운 법규 총정리

이러한 주제가 핵심 콘텐츠가 되며 가장 중요한 요소는 신속함입니다. 실시간 뉴스를 보고 빠르게 정리해 올릴수록 성공할 가능성이 높아집니다.

귀를 즐겁게 하는 ASMR 채널

네 번째는 ASMR 채널입니다. 자연의 소리, 집안의 소리, 도로 소리 등을 녹음하여 콘텐츠로 만드는 채널인데요. 이 또한 얼굴과 목소리를 노출하지 않고 제작할 수 있는 게 장점입니다. 소리를 깔끔하게 담을 수 있는 마이크 하나만 있으면 제작할 수 있어요.

- 빗소리 3시간 ASMR
- 나뭇잎 바스락거리는 소리 ASMR
- 도시 야경과 함께 듣는 자동차 소음 ASMR

이런 콘텐츠는 잔잔한 사운드를 오래 틀어놓는 시청자가 타깃이므로 자연스럽고 고요한 소리를 녹음할 수 있는 장소를 찾는 것이 핵심입니다.

LESSON 03

돈을 벌고 싶다면
수익성 높은 주제로 시작해보세요!

시장 조사를 통해 주제를 검증하자

오랜 시간 운영해도 구독자가 쉬이 늘지 않는 유튜브 채널이 있습니다. 이유는 간단합니다. 영상을 시청할 잠재 시청자의 수가 매우 적기 때문입니다. 콘텐츠를 선정할 때 시장의 크기를 고려하지 않으면 아무리 훌륭한 내용을 담고 있어도 성공하기 어렵습니다.

잠재 시청자 수는 곧 채널의 수익성과 직결됩니다. 수익성이 높은 유튜브 주제를 선정하는 것은 매우 중요하며 이를 위해서 시장 조사가 필요합니다. 유튜브 채널 주제 찾기를 위한 시장 조사 방법을 간단히 살펴보면 다음과 같습니다.

첫째, 관심 있는 주제를 유튜브에 검색해봅니다. **둘째,** 해당 주제를 다루는 채널을 찾아 동영상 탭에서 인기순으로 정렬합니다. **셋째,** 조회수가 가장 높은 상위 20개 영상을 보면서 해당 주제의 시장 크기를 가늠해봅니다.

특정 주제로 검색했을 때 채널이 거의 없다면 그 주제는 희소하거나 차별화된 주제일 수 있지만, 시장 규모가 작아 성공하기 어려울 수 있습니다. 반대로, 검색 결과가 많다면 경쟁이 치열할 수 있지만, 잘된 채널들의 유튜브 알고리즘 추천 영상에 노출될 가능성이 커져 성장할 기회를 얻을 수 있습니다.

조회수 대비 수익성이 큰 주제로 영상을 만들자

조회수 대비 수익성이 큰 영상을 제작하려면, 타기팅 광고가 될 수 있는 주제를 다루는 것이 좋습니다. 자동차 채널은 타기팅되기 좋은 채널인데, 광고주들이 높은 금액을 지불할 수 있는 경쟁이 치열한 분야로 조회수당 수익(CPM)이 매우 높습니다. 조회수당 수익이 높은 채널의 주제들을 더 살펴볼까요?

재테크, 주식 투자, 부동산, 경제 분석 등의 채널들은 기본적으로 조회수당 수익이 높습니다. 금융 분야는 광고 단가가 높은 은행, 보험사, 투자회사와 같은 광고주가 주로 타기팅합니다. 광고주는 시청자가 고소득자일 가능성이 높다고 판단해 높은 조회수당 수익을 책정합니다.

또한 스마트폰, 노트북, 소프트웨어, 가젯(주변기기) 등을 리뷰하는 채널도 조회수당 수익이 높습니다. IT 분야의 광고주들은 광고 예산이 크며, 새로운 기술과 제품 홍보를 위해 유튜브를 적극 활용합니다. 최신 기술에 관심 있는 시청자들은 제품 구매력이 높다는 특징이 있기 때문입니다.

결국 타기팅 광고 대상이 될 수 있는 주제들이 조회수당 수익이 높은 편인데요. 타기팅 광고 대상이 될 수 있는 주제를 선정하기 위해서는 전문성과 시청자 연령대를 고려해야 합니다. 특정 분야에 집중된 전문성이 있는 채널일수록 타기팅 광고의 대상이 될 가능성이 높고, 성인 시청자가 많은 채널이 광고주들에게 더 매력적입니다.

한 가지 유의할 점은, 이 모든 것보다 중요한 것은 자신이 정말로 좋아하는 주제인지 확인하는 것입니다. 시장 조사를 통해 수익성이 높은 주제를 찾는 것도 중요하지만, 그 주제가 내가 꾸준히 열정을 가지고 지속할 수 있는지 판단하는 것이 성공의 핵심입니다.

LESSON 04
여러분의 사업에 도움이 되는 유튜브 채널도 도전해보세요!

사업체들이 유튜브를 하는 이유

　유튜브는 1인 창작자들만의 도구가 아닙니다. 많은 사업체가 유튜브를 적극적으로 활용합니다. 이는 유튜브가 단순히 재미있는 영상을 보는 곳이 아니라, 검색 플랫폼의 역할을 하기 때문입니다. 사람들은 제품을 구매하거나 서비스를 이용하기 전에 유튜브에서 검색합니다. 유튜브에서 검색했을 때 관련 영상이 없다면 그 제품이나 서비스에 대한 신뢰도가 떨어질 수 있습니다. 반대로 관련 영상이 있다면 신뢰도를 높이고 고객 유입으로 이어질 가능성이 큽니다.

　예를 들어, 카센터에서 차량 수리 과정을 영상으로 꾸준히 업로드하면, 시청자들은 자연스럽게 신뢰감을 갖게 될 것입니다. 저 역시 유튜브를 통해 알게 된 카센터를 이용하고 있습니다.

　이처럼 유튜브는 고객을 효과적으로 유입할 수 있는 중요한 사업 수단이 되었습니다. 자신의 사업체가 있다면, 어떻게 유튜브에 이 사업을 녹여낼지 고민해봐야 합니다.

오프라인 매장이나 온라인 사업을 운영한다면, 유튜브는 강력한 마케팅 채널이 될 수 있습니다. 단순한 조회수를 넘어 실제 고객 유입으로 이어지는 유튜브 채널의 힘은 상상 이상입니다. 오프라인과 온라인 사업으로 유입을 끌어오기 위한 유튜브 채널 주제와 실제 사례를 들어보겠습니다.

오프라인 매장용 유튜브 채널 주제와 예시

오프라인 사업체도 다음과 같은 방식으로 유튜브를 통해 고객과 소통하고 홍보할 수 있습니다. 몇 가지 사례를 통해 알아볼까요?

첫째, 레스토랑이나 카페는 요리 과정 공개, 인기 메뉴 소개, 비하인드 스토리 등의 콘텐츠로 차별화할 수 있습니다. '오늘은 특별한 파스타를 만드는 날, 셰프의 하루 공개!', '우리 카페의 인기 메뉴 TOP 5! 직접 만들며 설명해드릴게요', '숨겨진 카페 골목 탐방, 우리 가게도 여기 있어요!'와 같은 소재의 영상을 통해 요리 과정과 메뉴를 자연스럽게 노출하면 맛집으로서의 신뢰를 쌓을 수 있습니다. 고객은 영상에서 본 요리를 직접 먹어보고 싶어 매장을 방문하게 됩니다.

둘째, 미용실이나 네일숍은 헤어 스타일링 꿀팁, 계절별 네일 트렌드 소개 등의 영상을 제작할 수 있습니다. '여름 맞이, 집에서 간단히 머리 관리하는 비법 대공개!', '2025년 가을 네일 트렌드, 지금 미리 만나보세요', '단발에서 긴 머리로! 미용실에서 본격 변신 과정'과 같은 콘텐츠로 미용과 네일의 전문성을 보여줌으로써 여기라면 믿고 맡길 수 있겠다는 신뢰를 형성해 방문을 유도합니다.

셋째, 카센터는 차량 관리 팁, 수리 과정 브이로그, 정비 필수 정보 등을 공유할 수 있습니다. '겨울철 차량 관리 꿀팁! 배터리 방전 막는 방법 알려드려요', '자동차 타이어 교체, 이렇게 하면 돈 아낄 수 있습니다', '우리 정비소의 하루, 고객님들의 소중한 차를 이렇게 관리합니다'와 같은 영상으로 카센터를 직접 방문하기 전에 유튜브에서 검색하는 고객들에게 신뢰를 줄 수 있습니다.

온라인 사업용 유튜브 채널 주제와 예시

온라인 사업체 또한 유튜브를 활용해 브랜드를 강화하고 매출을 증대시킬 수 있습니다.

첫째, 쇼핑몰은 제품 리뷰, 활용법, 코디 팁 등의 콘텐츠로 잠재 고객에게 다가갈 수 있습니다. '우리 쇼핑몰에서 가장 잘 나가는 겨울 코트, 실제 착용 후기!', '데일리룩 코디 제안! 이 청바지 하나로 다섯 가지 스타일 완성', '여름 필수템! 우리 브랜드의 워터프루프 가방, 물속에서도 실험해봤습니다'와 같은 영상이라면 구매를 망설이던 고객이 결정을 내리는 데 큰 도움이 될 것입니다.

유튜브 채널을 통해 제품을 홍보한다면 구매를 망설이던 고객에게 큰 도움이 됩니다.
(이미지 생성 AI로 제작)

둘째, 디지털 제품이나 서비스를 제공하는 기업은 사용법 강의, 고객 후기 영상, 성능 테스트 등을 공유할 수 있습니다. '우리 회사에서 새로 출시한 앱, 사용법 완전 정리!'와 같은 가이드 영상이나, '이 소프트웨어를 쓰면 얼마나 효율이 올라갈까요? 실제 데이터 공개'와 같은 실사용 콘텐츠를 유튜브로 친절히 알려주고 홍보한다면 더 많은 고객들이 찾을 수 있겠죠?

셋째, 핸드메이드 제품을 온라인으로 판매하는 사업자라면 제작 과정 공개, 고객 사연 소개 등으로 제품의 가치를 전달할 수 있습니다. '세상에 단 하나뿐인 핸드메이드 팔찌 제작 과정, 함께 보실래요?', '이 목걸이, 고객님의 특별한 사연이 담겨있습니다'와 같은 영상을 구성할 수 있을 것입니다. 이런 감성적인 접근을 통해 제품의 가치와 이야기를 전달하면 고객의 구매 욕구를 자극할 수 있습니다.

사업체 유튜브 채널 운영 팁

사업체들이 유튜브 채널을 잘 운영하기 위한 팁을 알려드리겠습니다.

첫째, 채널의 목적을 명확히 해야 합니다. 채널 설명란에 매장과 서비스의 이야기를 공유하는 곳이라는 것을 명시하고 채널명도 사업체와 연관성을 가지면 좋습니다. 사업을 중심으로 홍보한다면 직관적인 이름을 사용하는 것이 효과적일 수 있습니다.

둘째, 고객이 직접 찾아와야 한다면 사업장의 위치와 정보를 상세히 기입하는 것이 중요합니다. 유튜브 채널과 각 영상의 설명란에 매장 위치, 영업시간, 연락처를 기입해두고 네이버 지도나 카카오맵과 연동되는 위치 정보를 삽입하면 효과적입니다.

셋째, 고객이 직접 체험할 수 있는 이벤트를 마련하는 것도 방법입니다. 간혹 유튜브 채널 중 '이 영상에 댓글을 남겨주신 분들께 아메리카노 한 잔 무료 증정!'과 같은 이벤트를 진행하는 것을 보셨을 텐데요. 사업 홍보가 목적이라면 고객 방문을 유도하면서 동시에 영상 속 특정 문장을 말해야 할인을 받을 수 있는 재미 요소를 추가하는 것도 좋은 방법이 될 수 있습니다.

유튜브는 단순히 재미를 위한 플랫폼이 아닙니다. 제대로 활용하면 사업체의 강력한 유입 채널이 될 수 있습니다. 앞서 살펴본 주제와 예시를 참고하여 매력적인 콘텐츠를 꾸준히 만들고 올린다면, 유튜브를 통해 오프라인 매장 방문과 온라인 주문을 늘릴 수 있을 것입니다. 이외에 다른 분야에도 팁을 적용해볼 수 있습니다. 여러분이 어떤 사업을 운영하건 이미 비슷한 분야의 채널을 만들어 홍보 중인 분은 있을 것입니다. 이런 분들의 채널을 참고해 여러분의 사업 이야기를 유튜브에서 꼭 시작해보세요!

초보 유튜버를 위한 Q&A

Q 01 채널 이름은 어떻게 정해야 좋을까요?

A 채널 이름은 브랜드를 나타내는 중요한 요소로, **시청자가 한 번 보고도 기억할 수 있고 검색했을 때 쉽게 떠오를 수 있어야 합니다.** 이름을 들었을 때 어떤 콘텐츠를 다루는지 대략적으로 짐작할 수 있다면 더욱 효과적입니다. 예를 들어 '부동산 읽어주는 남자'나 'G식백과'처럼 주제와 관련 있으면서도 위트 있는 이름이 좋습니다.

이름을 정할 때는 발음이 쉬운지, 외우기 쉬운지, 너무 길지 않은지 체크해야 합니다. 길거나 복잡한 이름은 기억하기 어렵고 검색 시 오타가 발생할 확률이 높아집니다. 개인의 캐릭터가 강한 채널이라면 자신의 닉네임을 활용하는 것도 효과적입니다.

채널명이 너무 일반적이면 검색에 불리할 수 있으므로, 브랜드화할 수 있는 요소나 핵심 키워드를 포함하는 것이 좋습니다. 채널 이름을 결정하기 전에는 해당 이름이 사용되고 있는지 유튜브 검색창에서 확인하고, 비슷한 이름의 대형 채널이 있다면 새로운 조합을 만들어보세요.

채널 이름은 되도록 바꾸지 않는 것이 좋으며, 막막하다면 챗GPT와 상의하며 아이디어를 발전시키는 것도 좋은 방법입니다. 좋은 채널 이름의 기준은 기억하기 쉽고, 검색이 용이하며,

채널의 정체성을 명확히 드러내야 합니다. 직접 소리 내어 발음해보고 주변 사람들에게 들려주면서 반응을 확인하는 것도 도움이 됩니다.

02 하나의 계정으로 여러 채널을 운영할 수 있나요?

A 유튜브에서는 한 개의 계정으로 여러 개의 채널을 만들고 운영할 수 있습니다. 이를테면 메인 채널에서는 게임 리뷰를 하고 서브 채널에서는 짧은 게임 클립이나 라이브 스트리밍을 하는 식으로 구분할 수 있습니다.

참고로 유튜브의 브랜드 계정 기능을 활용하면 한 구글 계정으로 여러 채널을 생성하고 각각 다른 운영자를 추가할 수 있습니다.

여러 채널 운영은 콘텐츠를 명확하게 분리해 타깃층을 세분화하는 데 도움이 됩니다. 특정 분야를 다루는 채널을 운영하면서 팬층이 두터워지면 일상, 브이로그 채널을 따로 운영하는 방식이 가장 널리 쓰이지요. 혹은 같은 요리 채널이라도 홈베이킹과 한식은 타깃층이 다르므로, 한 채널에서 모두 다루는 것보다 따로 관리하면 각 채널에 맞는 타깃층이 더욱 관심을 가지고 시청하고 구독할 가능성이 높습니다.

초보 유튜버를 위한 Q&A

하지만 처음부터 여러 채널을 운영하는 것은 권장하지 않습니다. 관리해야 할 콘텐츠가 많아져 부담이 커지고, 하나의 채널도 제대로 성장하기 어려울 수 있습니다. 따라서 한 채널에 집중한 후 운영이 안정되면 채널을 추가해 만드는 것이 가장 좋은 방법입니다.

여러 채널을 운영할 때는 각 채널의 정체성이 확실해야 합니다. 비슷한 주제를 다루면 콘텐츠가 중복되고, 너무 다른 주제를 다루면 일관성이 부족해집니다.

모든 채널이 성공하는 것은 아니므로 한 채널이 잘되면 그 채널을 활용해 다른 채널로 유입을 유도하는 전략이 필요합니다. **결론적으로 한 계정으로 여러 채널 운영이 가능하지만, 한 채널을 성장시킨 후 확장하는 것이 더 효과적인 전략**입니다.

Q 03 유튜브 채널을 운영하는 비용은 얼마가 적정한가요?

A 유튜브 채널 운영은 사실상 비용이 거의 들지 않는 무자본 창업과 같습니다. 초기에는 좋은 화질의 스마트폰과 깔끔하게 녹음할 수 있는 마이크 하나만 장만하면 누구나 시작할 수 있습니다. 콘텐츠 기획과 촬영, 업로드 자체에는 돈이 들지 않습니다.

영상 편집도 옛날에는 어도비 프리미어 프로, 파이널 컷 프로와 같은 유료 프로그램을 쓰는 것이 기본처럼 여겨졌으나 최근에는 캡컷, 다빈치 리졸브, 브루 같은 무료 프로그램으로 충분히 가능합니다.

배경음악과 효과음은 유튜브 오디오 라이브러리에서 저작권 걱정 없이 무료로 사용할 수 있고, 섬네일 제작도 포토샵이 아닌 캔바나 미리캔버스 같은 무료 디자인 프로그램으로 할 수 있습니다.

채널이 성장함에 따라 유료 영상 편집 프로그램 사용료, 고급 음원 사용료, 디자인 프로그램 사용료 그리고 각종 장비 지출을 선택적으로 투자할 수 있지만 이는 필수가 아닌 선택 사항입니다. 가장 중요한 것은 프로그램이나 장비가 아니라 꾸준함과 콘텐츠 기획력이므로, **처음에는 스마트폰과 무료 프로그램으로 시작하는 것이 효과적**입니다.

Q 04 채널 주제는 꼭 한 가지에 집중해야 할까요?

A 채널을 빠르게 성장시키려면 유튜브 알고리즘이 채널의 정체성을 명확하게 인식하도록 하는 것이 좋습니다. 유튜브는 콘텐츠의 카테고리와 어떤 시청자들에게 추천할지를 분석하므로, 특정 주제를 꾸준히 다루면 알고리즘이 더 정확하게 작동합니다.

초보 유튜버를 위한 Q&A

하지만 채널을 처음 시작할 때는 무조건 한 가지 주제에만 집중하기보다는 연관된 몇 가지 주제를 테스트해보는 것도 좋은 방법입니다. 여기서 주제란 완전히 다른 카테고리처럼 채널의 성격을 바꾸는 것이 아니라, 여러 가지 포맷을 실험하면서 내가 잘할 수 있는 것과 시청자들이 더 반응하는 콘텐츠가 무엇인지 파악하는 것입니다.

예를 들어 요리 채널이라면 초보자를 위한 간단한 요리, 실패한 요리를 다루는 콘텐츠, 이색 요리 도전 등 다양한 포맷을 시도해보면서 반응이 좋은 것을 찾아가는 것이 좋습니다.

시청자들의 피드백을 참고해 어떤 영상이 조회수가 잘 나오는지, 어떤 주제가 댓글 반응이 좋은지를 분석하면 자연스럽게 가장 적합한 방향을 찾을 수 있습니다. 다양한 시도를 하되 기본적인 채널 콘셉트는 유지하는 것이 중요합니다.

처음에는 너무 딱딱하게 한 가지 주제로 제한하지 말고 관련된 여러 포맷을 실험하면서 자연스럽게 방향을 찾아가되, 채널 정체성을 벗어나지 않는 범위 내에서 실험하는 것이 좋습니다. 초반에는 테스트하면서 반응을 살피고, 이후에는 반응이 가장 좋은 주제를 중심으로 콘텐츠를 정리해나가면 채널이 더욱 탄탄하게 성장할 수 있습니다.

Q 05 트렌드를 빠르게 파악하는 노하우가 있나요?

A 트렌드는 유튜브 성장에 중요한 요소입니다. 새 드라마나 게임 같은 새로운 흐름이 왔을 때 그 파도는 막강하므로 이를 잘 활용하는 것이 좋습니다.

유튜브 트렌드 파악을 위해서는 검색창의 **자동완성 기능**과 **구글 트렌드**로 키워드 검색량 변화를 분석하며, 온라인에서 유행하는 콘텐츠를 살펴보는 방법이 있습니다.

다만 트렌드 활용은 단순히 유행을 따라가는 것이 아닙니다. 자신의 채널과 연관된 방식으로 해석하여 콘텐츠를 제작하는 것이 중요합니다.

특히 계절별로 반복되는 트렌드 패턴(여름 다이어트, 연말, 크리스마스 등)을 예측하고 준비하면 한발 앞서 영상을 업로드할 수 있습니다. 무엇보다 트렌드를 참고하되 자신의 채널 정체성을 유지하는 것이 핵심입니다.

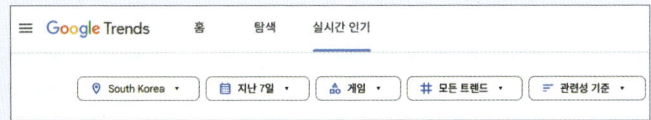

초보 유튜버를 위한 Q&A

	트렌드 (6월 18일, 오후 2:47 업데이트됨)	검색량	시작일	트렌드 분석	지난 7일
☐	발로란트 마스터즈 토론토	200+ +300%	어제 7시간 동안 지속됨		
☐	붉은사막	200+ +200%	24시간 전 2시간 동안 지속됨		
☐	세븐나이츠 리버스	1천+ +100%	6일 전 6시간 동안 지속됨		
☐	토스 행운퀴즈 정답	1천+ +800%	6일 전 3시간 동안 지속됨	토스퀴즈 토스 퀴즈 정답 월박천국 토스퀴즈	
☐	twitch	100+ +300%	어제 30분 동안 지속됨		
☐	twitch	100+ +100%	4일 전 2시간 동안 지속됨		
☐	크로노 오디세이	100+ +100%	4일 전 2시간 동안 지속됨		
☐	wordle	100+ +75%	그저께 40분 동안 지속됨		
☐	xsmn	100+ +75%	4일 전 50분 동안 지속됨		
☐	배틀그라운드	100+ +100%	6일 전 20분 동안 지속됨		

구글 트렌드를 활용하면 지금 한국에서 가장 인기 있는
키워드가 무엇인지 바로 확인할 수 있습니다.

PART 03

쉽고 빠르게
유튜브 채널 시작하기

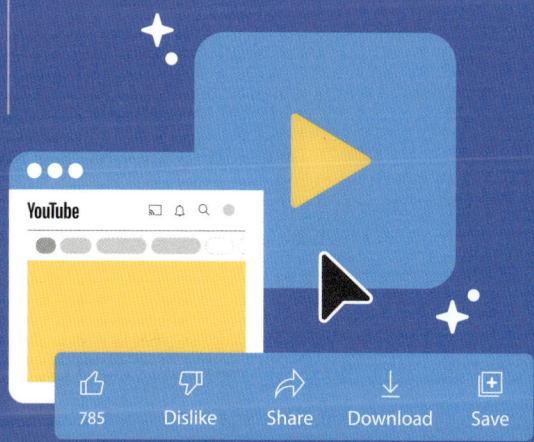

3분 만에 끝내는 유튜브 채널 만들기!

일단 유튜브 채널부터 만들자

본격적으로 유튜브를 시작하려면 우선 자기만의 채널을 만들어야겠죠? 채널을 만드는 방법은 통장을 개설하는 것보다 더 간단합니다. 유튜브(구글) 계정을 만들면 채널이 바로 생성되는데요. 채널을 만드는 방법부터 설정 방법까지 차근차근 살펴볼까요? 채널 생성에 관한 가장 기초적인 내용 먼저 알아보겠습니다.

01 먼저 유튜브 홈페이지(www.youtube.com)에 접속한 후 ❶ [로그인]을 클릭해서 로그인합니다. 계정이 없다면 ❷ [계정 만들기]를 클릭해서 회원 가입을 해주세요.

02 오른쪽 상단에 있는 ❶ 프로필 버튼을 클릭한 후 ❷ [YouTube 스튜디오]를 클릭합니다. 유튜브 스튜디오는 나의 채널 사무실이라고 생각하면 됩니다. 이 안에서 채널과 관련된 모든 업무를 볼 수 있습니다.

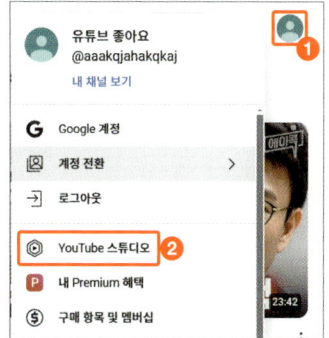

03 유튜브 스튜디오 메인 화면입니다. 자세히 살펴보면 ❶ 왼쪽에는 세부 메뉴, ❷ 오른쪽엔 채널 대시보드가 있습니다. 메뉴에서는 채널 설정뿐만 아니라 채널에 대한 자세한 정보를 확인할 수 있습니다.

캔바에서 채널 로고(사진) 만들기

01 가장 기초적인 채널 설정인 로고와 배너를 지정해보겠습니다. ❶ 왼쪽 메뉴에서 [맞춤설정]을 클릭합니다. ❷ [채널 맞춤설정] 화면의 [프로필] 탭을 확인해보면 [배너 이미지]와 [사진]이 있습니다.

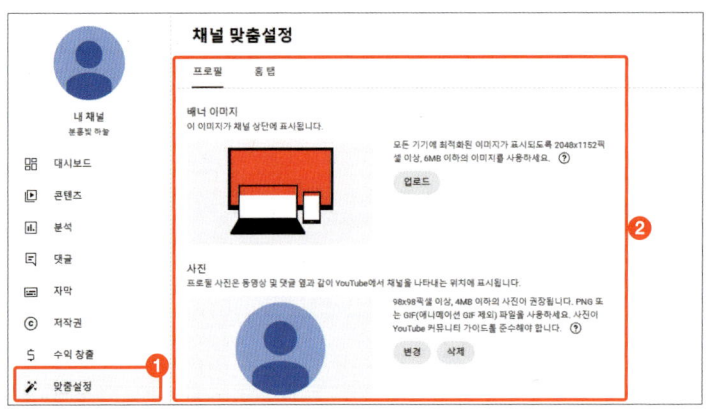

여기서 배너 이미지(채널아트)와 로고(사진)를 설정할 수 있습니다. 배너 이미지는 채널의 간판이 되고, 사진은 채널의 로고가 되겠죠?

그럼 로고는 어떻게 만들까요? 가장 확실한 건 디자이너에게 의뢰하는 방법이 있지만 캔바나 미리캔버스와 같은 프로그램에서 무료로 만드는 방법도 있습니다. 가장 널리 쓰이는 캔바에서 로고를 만드는 방법에 대해 간단히 알아보겠습니다.

> **TIP** 캔바와 미리캔버스 모두 무료 템플릿과 요소(아이콘, 이미지 등)를 제공하며 개인 및 상업적 용도로 사용할 수 있습니다. 하지만 일부 무료 리소스는 특정 조건(예 : 출처 표기)이 요구될 수 있으니 사용 전에 확인이 필요합니다.

02 캔바(www.canva.com) 홈페이지에 접속한 후 [가입]을 클릭해 회원가입을 합니다.

03 'Canva를 어디에 사용하실 건가요?'를 묻는 창이 뜨면 [개인] 또는 원하는 항목을 클릭합니다.

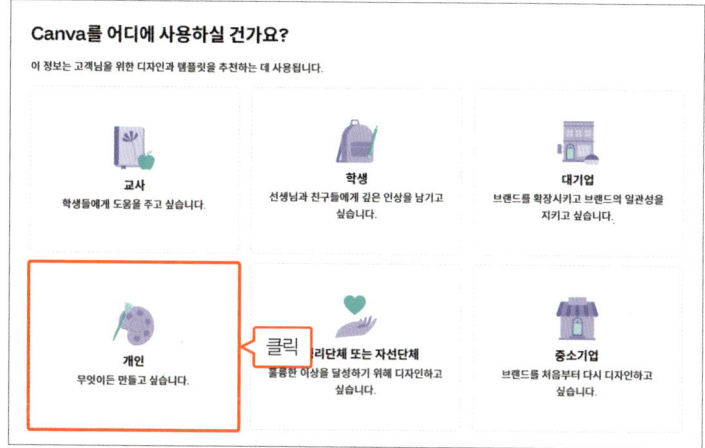

04 'Canva Pro 무료 체험'은 더 많은 기능을 사용할 수 있는 Pro 버전에 대한 무료 체험 내용입니다. [나중에 하기]를 클릭합니다. 지금은 간단한 기능만 사용하므로 Pro 버전은 사용하지 않아도 됩니다.

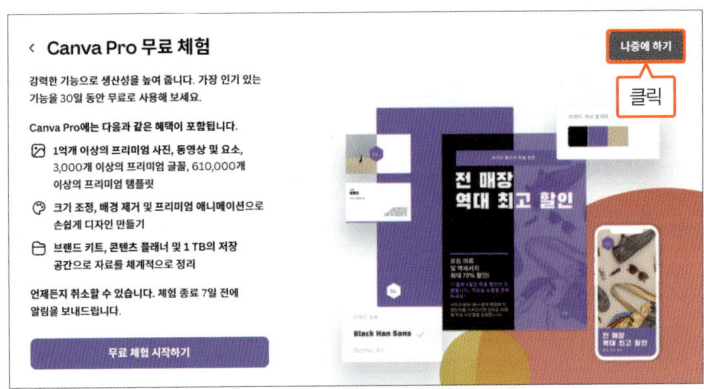

TIP Canva Pro 무료 체험을 해보고 싶다면 [무료 체험 시작하기]를 클릭한 후 다음 안내에 따릅니다. 유료 결제 정보를 입력한 후 일정 기간(30일) 동안 무료로 사용할 수 있습니다.

05 마케팅 정보 수신 동의 내용입니다. 필요 없다면 체크하지 않고 [다음]을 클릭합니다. 가입이 완료됩니다.

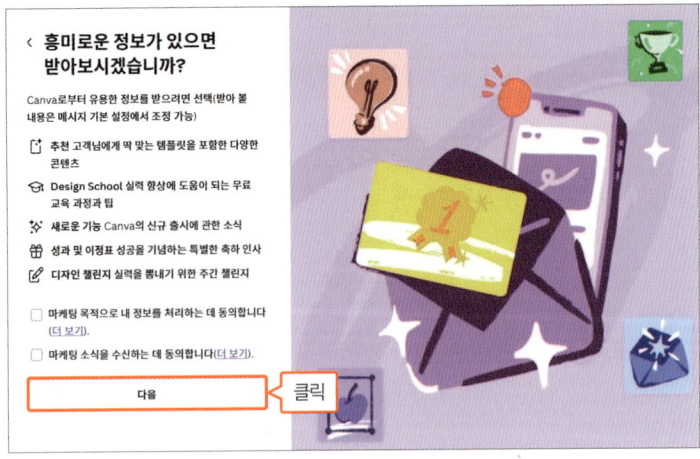

06 캔바 메인 화면으로 돌아옵니다. ❶ 검색창에 **로고**를 입력한 후 ❷ Enter 를 누릅니다.

07 캔바 크리에이터들이 제작한 다양한 템플릿이 나타납니다. ❶ 마음에 드는 템플릿을 클릭한 후 ❷ [이 템플릿 맞춤 편집하기]를 클릭합니다. 예제에서는 다음 그림과 같은 템플릿으로 진행할 예정입니다.

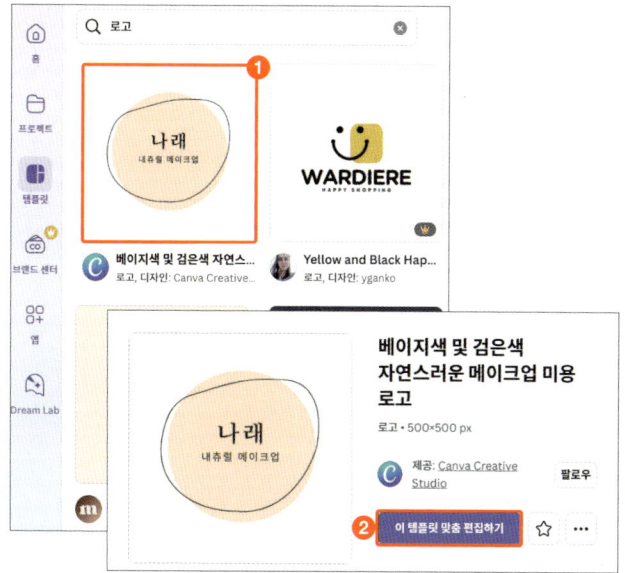

TIP 검색 결과 중 👑 표시가 있는 템플릿은 유료 및 Pro 구독자만 사용할 수 있습니다.

PART 03 쉽고 빠르게 유튜브 채널 시작하기 **063**

08 선택한 템플릿을 편집할 수 있는 창이 열립니다. ❶ 텍스트 부분을 더블 클릭해서 ❷ 채널 이름을 입력합니다. 여기서는 예시로 **유튜브 로고**를 입력했습니다.

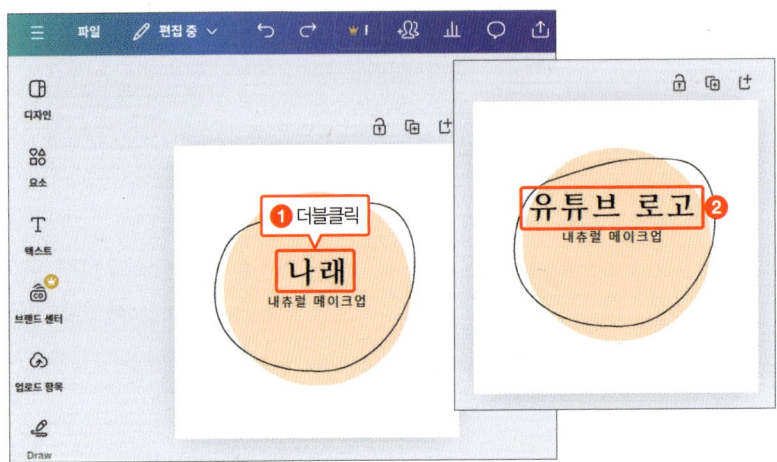

TIP 캔바에서는 다양한 작업이 가능합니다. 포토샵과 같은 전문 프로그램에 비하면 사용 방법이 어렵지 않으므로 자유롭게 수정해보세요!

09 템플릿 편집이 완료되었으면 우측 상단의 [공유]를 클릭합니다.

10 ❶[다운로드]를 클릭하고 ❷원하는 파일 형식을 지정합니다. 파일 형식은 보통 PNG를 추천합니다. 나머지 설정은 유료 및 Pro 기능입니다. ❸[다운로드]를 클릭해 PC에 저장합니다.

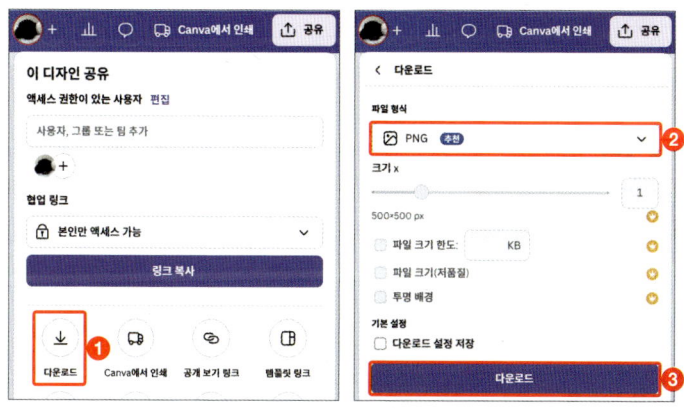

캔바로 배너 이미지 만들기

01 로고(사진)를 만들었으니 이번에는 배너 이미지를 만들어볼까요? 캔바 메인 화면으로 이동한 후 이번에는 ❶검색창에 **채널아트**를 입력하고 ❷Enter를 누릅니다.

TIP 배너 이미지와 채널아트는 같은 의미입니다. 초창기 유튜브에서는 배너 이미지를 채널아트라고 불렀기 때문에 여전히 채널아트로 검색되기도 합니다.

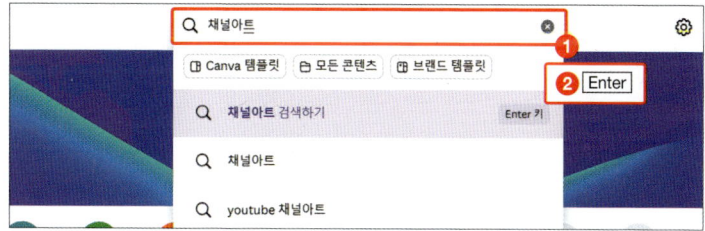

02 여러 채널아트 템플릿이 나타납니다. ❶ 마음에 드는 템플릿을 클릭하고 ❷ [이 템플릿 맞춤 편집하기]를 클릭합니다.

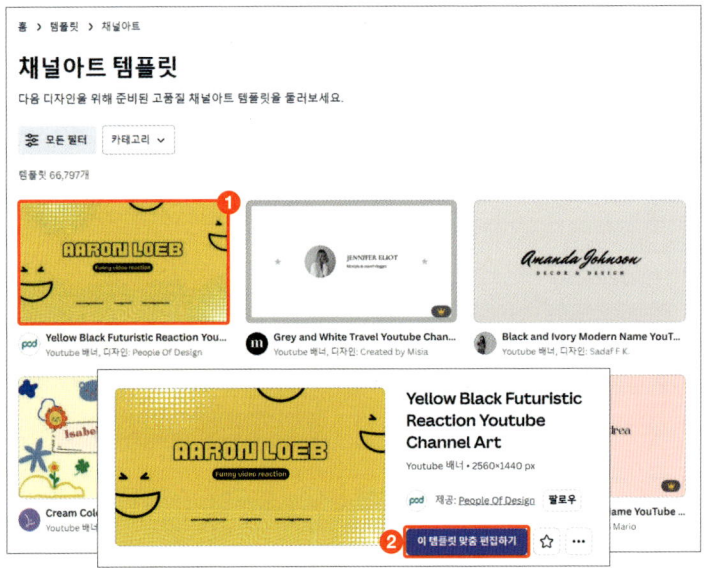

03 로고 때와 동일한 방법으로 텍스트를 수정하고 디자인을 완성합니다.

04 ❶ 우측 상단의 [공유 ⬆]를 클릭한 후 ❷ [다운로드]를 클릭합니다.

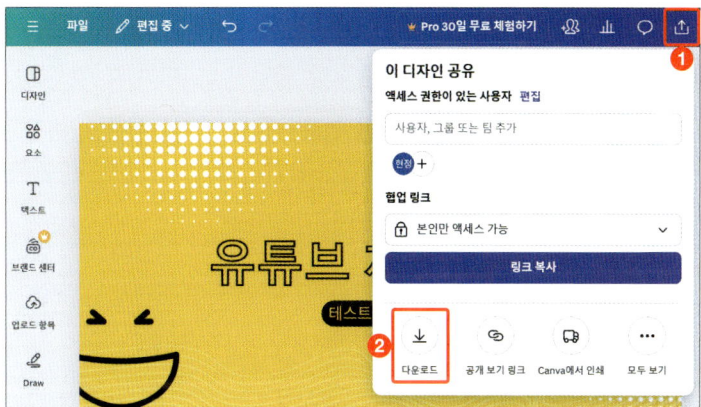

05 ❶ 원하는 파일 형식을 지정하고 ❷ [다운로드]를 클릭해 PC에 저장합니다. 배너 이미지도 마찬가지로 PNG를 추천하며, 간혹 이미지 용량이 커져 유튜브에서 등록이 어렵다면 JPG를 선택해도 됩니다.

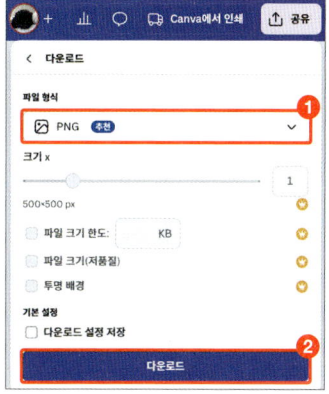

지금까지 간단하게 캔바를 활용한 로고(사진)와 배너 이미지(채널아트)를 만들어보았습니다. 여기서 알아본 방법은 어디까지나 예시로, 프로그램 사용 방법을 익힌다면 여러분 마음에 쏙 드는 디자인을 만들 수 있을 것입니다. 이렇게 만든 로고와 배너 이미지로 유튜브 채널을 꾸며보겠습니다.

채널에 로고(사진)와 배너 이미지 적용하기

01 유튜브 스튜디오로 다시 돌아가볼까요? [채널 맞춤설정]-[프로필] 탭에서 배너 이미지와 사진을 설정해보겠습니다. ❶[배너 이미지]의 [업로드]를 클릭하고 캔바에서 작업한 배너 이미지를 업로드합니다. ❷[사진]도 [변경]을 클릭하고 앞서 작업한 로고(사진) 이미지를 업로드합니다.

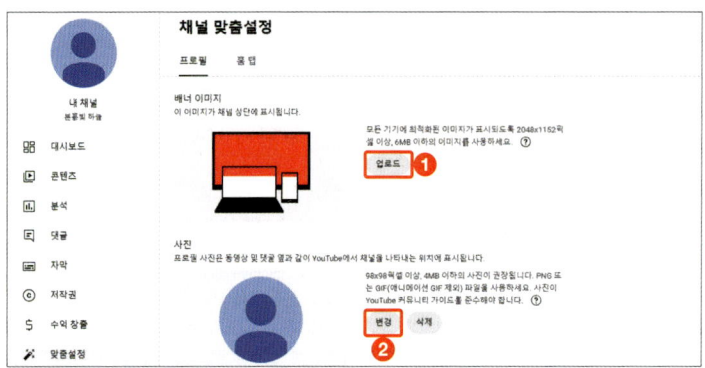

02 ❶이미지들이 업로드가 완료되었는지 확인합니다. ❷우측 상단의 [게시]를 클릭해야 사진이 적용되니 잊지 말고 꼭 클릭해주세요.

디자인이 채널에 반영되기까지는 약간 시간이 걸립니다. 시간이 조금 지난 뒤 확인해보면 근사한 채널 로고와 배너가 적용된 것을 확인할 수 있을 것입니다.

> **구스마일의 돈 버는 유튜브 실천 노트**
>
> **구독 결정은 채널 홈 화면에서 좌우된다**
>
> 시청자들이 구독 버튼을 클릭한 위치를 분석한 데이터에 따르면 80%의 시청자가 채널의 홈 화면에서 클릭했다고 합니다. 즉, 영상을 보고 호감이나 관심을 가진 시청자는 채널에 직접 들어와 채널을 살펴본 후 구독한다는 것입니다.
>
> 시청자는 영상을 보고 바로 구독 버튼을 누르지 않고, 채널 홈에 들어와서 전반적인 분위기를 확인한 뒤 최종적으로 채널 홈 화면에서 구독 버튼을 누릅니다. 그렇다면 내 채널 홈을 잘 단장해야 하는 이유가 분명해지죠? 잠재 구독자의 시선을 사로잡아 구독으로 이어질 수 있게 채널의 특성을 반영하여 홈을 구성해보세요!

채널 개설 후 적용하면 유용한 채널 설정 방법이 있을까요?

까먹기 전에 바로 설정하는 유튜브 채널 설정

유튜브 채널 생성 후 몇 가지 설정만 제대로 해도 채널과 영상이 노출될 확률이 올라갑니다. 대부분은 초보 때 채널을 생성해놓고 쉽게 넘어가는데요! 첫 영상을 올리기 전 채널에 적용하면 좋은 설정을 알려드리겠습니다. 제가 설정하는 방법을 그대로 따라 하면 시행착오를 줄이고, 시간과 노력을 절약할 수 있습니다.

01 유튜브 스튜디오 세부 메뉴에서 [설정]을 클릭합니다.

02 [설정] 창의 왼쪽 메뉴에서 ❶[채널]을 클릭하고 ❷[기본 정보] 탭을 확인합니다. ❸[거주 국가]는 [대한민국]으로 설정합니다. 대부분은 올바르게 설정되어 있지만, 간혹 다른 국가로 엉뚱하게 설정된 경우도 있습니다. ❹[키워드]에는 채널과 관련된 키워드를 입력하면 됩니다. 세세하게 작성할 필요는 없고 큰 범주의 대표 키워드를 입력하면 됩니다. 예를 들어 모바일 게임 채널의 경우 게임, 모바일 게임, 게임 추천, 게임 공략, 게임 예능 등을 입력하면 됩니다.

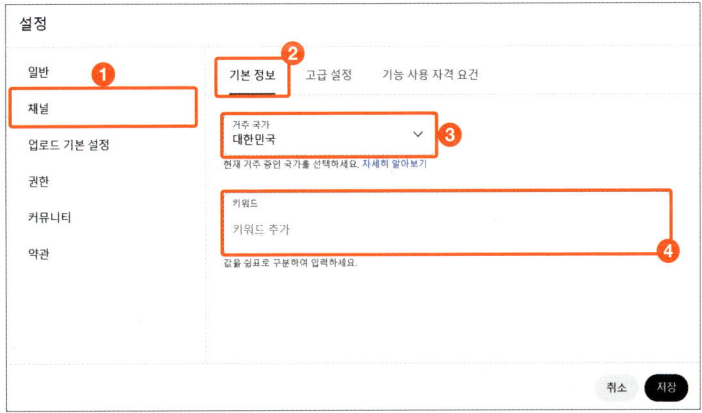

TIP 대형 유튜브 채널은 채널 이름, 유튜버 이름 자체를 대표 키워드로 사용하는 경우가 많습니다. 여러분이 채널을 만들어가는 초창기에는 이름으로 검색될 확률이 낮으므로, 채널 주제와 연관성 있는 키워드를 입력하는 게 좋습니다. 대표적으로 녹스 인플루언서(kr.noxinfluencer.com)와 같은 사이트에서 벤치마킹할 채널의 키워드를 확인하거나, 생소한 주제라면 챗GPT와 같은 생성형 AI에서 유튜브 채널 키워드를 추천 받는 방법도 있습니다.

03 다음으로 ❶[고급 설정] 탭을 클릭합니다. 아동용 채널이 아니라면 ❷[아니요, 이 채널을 아동용으로 설정하지 않겠습니다. 아동용 콘텐츠를 거의 업로드하지 않습니다]를 선택합니다.

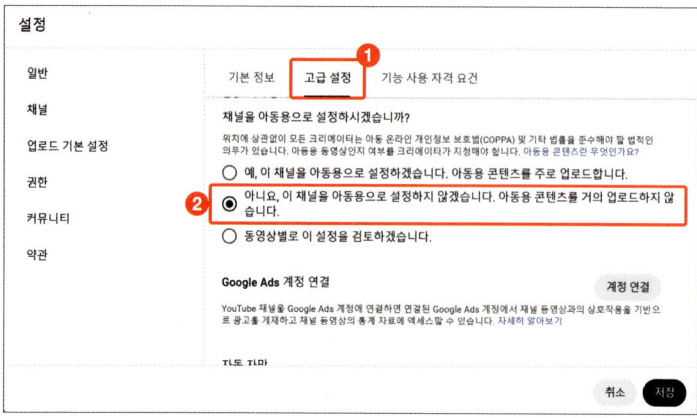

TIP 아동용 채널은 아동 온라인 개인정보 보호법(COPPA)에 따라 유튜브는 어린이 시청자의 개인 정보 보호를 위해 맞춤 광고 제한과 상호작용 기능 축소 등의 조치를 적용합니다. 아동용 콘텐츠 제작 시 이러한 제약을 고려하여 장기적인 시청자 확보와 브랜드 구축 전략을 따로 세워야 합니다.

04 스크롤을 내려 ❶ [자동 자막]은 [부적절할 수 있는 단어는 표시 안 함]에 체크합니다. ❷ [광고]는 [관심 기반 광고 사용 중지], ❸ [클립]은 [시청자가 내 콘텐츠를 클립하도록 허용]의 체크를 해제합니다.

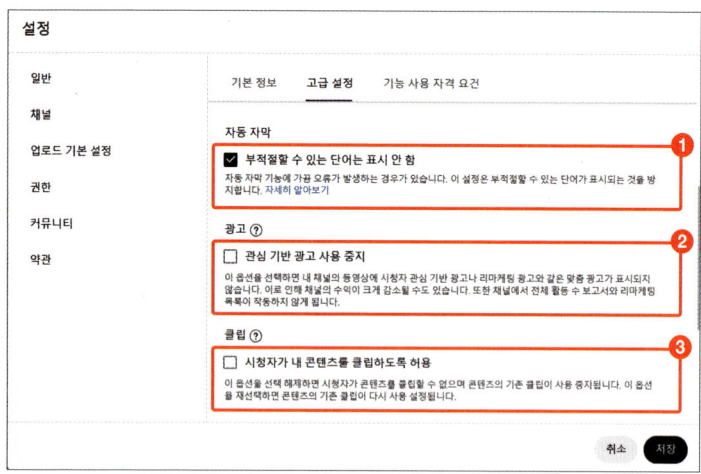

TIP [자동 자막]의 경우 유튜브 AI가 임의로 자막을 생성할 때 부적절한 단어가 표시되는 것을 방지하는 기능입니다. [광고]는 유튜브 광고를 사용자와 채널의 특성에 맞게 노출하는 기능이므로 해제하는 것을 권장합니다. 마지막으로 [클립]은 시청자가 영상의 일부를 잘라 활용하는 클립을 생성하는 기능입니다. 이 기능을 해제해야 영상이 재사용되지 않습니다.

TIP 그 밖에 [고급 설정] 탭에는 구글과 협약을 맺은 업체가 사용자의 영상을 AI 학습에 활용하도록 허용하는 옵션도 있습니다. 이 부분에 대한 설정은 약관을 확인한 후 판단에 맞게 설정하면 됩니다.

05 다음으로 왼쪽 메뉴에서 ❶[업로드 기본 설정]을 클릭하고 ❷[고급 설정] 탭을 클릭합니다. ❸[라이선스]는 [표준 YouTube 라이선스]를 선택하고, ❹[카테고리]는 내 채널에 해당하는 카테고리를 클릭합니다. ❺[동영상 언어]와 [제목 및 설명 언어]는 [한국어], ❻[자막 면제 인증서]는 [이 콘텐츠는 미국 내 TV에서 방송된 적이 없습니다]를 선택합니다. ❼[저장]을 클릭해 설정을 완료합니다.

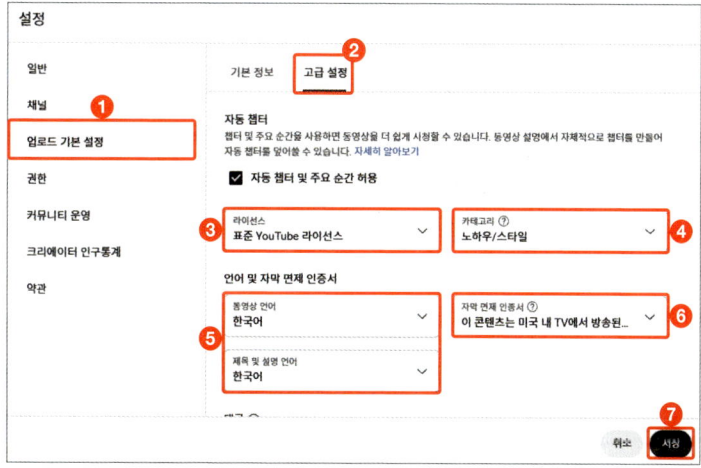

유튜브 채널 초반에는 이 정도만 설정해도 충분합니다. 기본적인 설정을 깜빡하고 영상 먼저 올리는 경우가 많으므로 꼭 확인해보세요!

구스마일의 돈 버는 유튜브 실천 노트

연락처 정보와 구독 버튼 추가하기

유튜브 스튜디오의 [채널 맞춤설정] 화면에서 아래로 스크롤해 확인해보면 채널에 [연락처 정보]와 [동영상 워터마크] 항목이 있습니다. [연락처 정보]는 채널을 보는 광고주나 협업을 원하는 사람들이 연락할 수 있는 메일을 기입하는 곳입니다. [동영상 워터마크]는 유튜브 영상 중 오른쪽 하단에 구독 버튼을 추가하는 경우가 있는데 이를 설정하는 기능입니다. 필요에 따라 설정을 해두면 채널 성장에 도움이 됩니다.

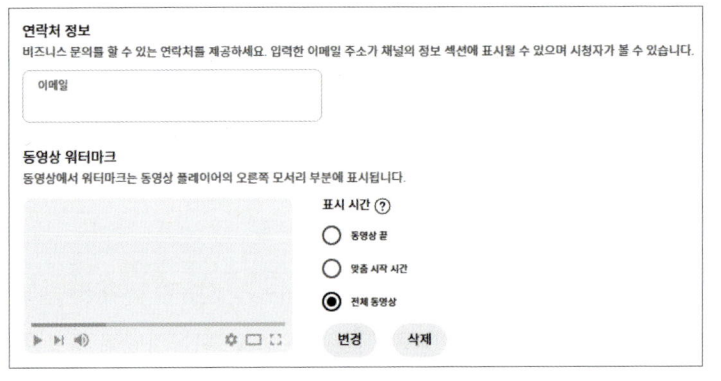

LESSON 03

영상을 업로드할 때
이것만 챙겨도 노출이 달라져요!

이번에는 영상을 업로드할 때 유용한 설정을 몇 가지 알아보겠습니다. 아무 영상이 없는 빈 채널에 첫 영상을 업로드할 때 어떻게 설정해야 하는지 하나씩 살펴볼까요?

01 유튜브 채널에 영상을 업로드하려면 ❶ 유튜브 스튜디오 화면 우측 상단의 [만들기]를 클릭한 후 ❷ [동영상 업로드]를 클릭합니다. PC에 저장된 영상 중 업로드할 동영상 파일을 선택합니다.

> **TIP** [새 재생목록]을 클릭하면 영상을 업로드할 때 분류할 수 있는 재생목록을 생성할 수 있습니다. 하나의 주제로 영상을 만들 때는 없어도 크게 문제되지는 않지만, 영상과 영상의 연관성을 높이기 위해 미리 만들어 관리하는 것이 좋습니다.

02 동영상 파일을 선택하면 업로드가 진행되면서 해당 영상의 세부정보를 설정하는 창이 나타납니다. ❶[제목]과 ❷[설명]에 영상 제목과 영상에 대한 설명을 작성합니다.

TIP 만약 기존에 올렸던 영상과 새로 올리는 영상의 성격이 비슷할 경우 [세부정보 재사용]을 클릭해 기존의 세부정보를 불러올 수 있습니다. 이 기능을 사용하면 세부정보를 빠르게 설정할 수 있습니다. 제목, 설명, 섬네일만 바꿔 재활용하는 경우도 많습니다.

03 영상에 사용할 섬네일이 PC에 있다면 [파일 업로드]를 클릭하고 업로드합니다.

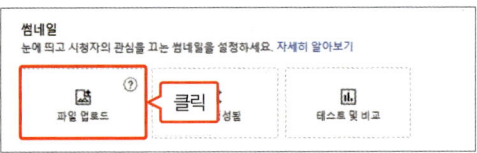

04 [재생목록]에서 해당 영상에 맞는 재생목록을 선택해주세요. 영상 공개 이후 나중에 재생목록을 만들고 설정해도 됩니다.

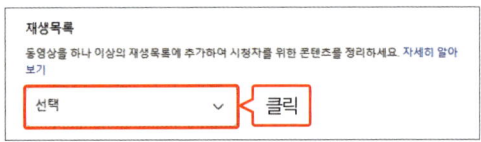

05 ❶[시청자층]은 [아니요, 아동용이 아닙니다]를 선택합니다. 만약 아동용 콘텐츠라면 [예, 아동용입니다]를 선택하면 됩니다. ❷[자세히 보기]를 클릭해서 세부 메뉴를 엽니다.

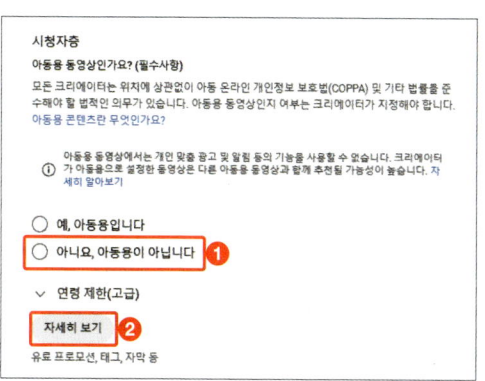

06 만약 간접 광고(PPL) 등으로 외주 광고를 진행하는 영상이라면 ❶[동영상에 간접 광고, 스폰서십, 보증 광고와 같은 유료 프로모션이 포함되어 있음]에 꼭 체크해야 합니다. 한때 이 부분이 문제가 되어 소위 '뒷광고 논란'이 있었습니다. 협찬 광고가 삽입된 영상이라면 꼭 선택합니다. ❷[변경된 콘텐츠]는 내용을 확인 후 해당하지 않는다면 [아니요]를 선택합니다.

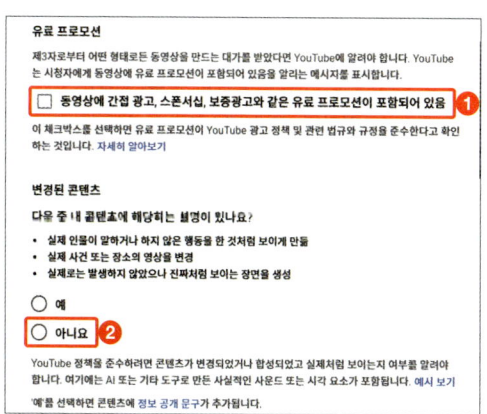

07 다음으로 ❶[태그]에 영상과 관련된 키워드를 입력합니다. 키워드는 영상에서 다루고 있는 콘텐츠와 관련된 키워드면 좋습니다. ❷[다음]을 클릭합니다.

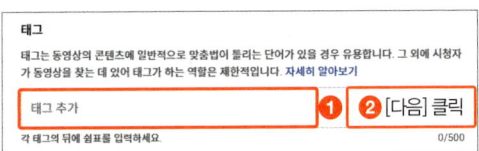

📖 구스마일의 돈 버는 유튜브 실천 노트

유튜브 영상 태그 정말 필요 없을까?

영상 태그가 블로그에 비해 유튜브에선 크게 중요하지 않다는 이야기도 있습니다. 유튜브 알고리즘이 워낙 똑똑해서 영상 추천을 알아서 해주는 걸까요? 그렇지 않습니다. 태그가 없어도 영상이 추천되는 것은 알고리즘이 해당 채널을 충분히 검증했을 때나 가능한 이야기입니다.

알고리즘이 시청자에게 영상을 노출할지 판단할 때, 초기 유입 시청자들의 시청 기록은 매우 중요한 역할을 합니다. 초기 유입 시청자들이 해당 콘텐츠에 진정으로 관심이 있어 클릭한 사람들이어야 알고리즘이 정확한 타깃층을 형성하는 데 도움이 되기 때문입니다.

채널 초반에는 태그를 적극적으로 추가해 검색 노출 확률을 높이고, 관련 있는 키워드를 사용해 영상의 주제를 명확히 전달하는 것이 좋습니다. 알고리즘이 정확한 대상에게 콘텐츠를 추천하도록 초기 단계에서 이러한 설정을 전략적으로 활용해야 채널의 성장 가능성을 크게 높일 수 있습니다.

채널의 성격이 알고리즘에 의해 충분히 파악된 이후에는 키워드를 통한 유입보다는 유튜브 검색이나 추천 영상으로 유입되는 조회수가 대부분이므로, 키워드의 중요성은 점차 줄어듭니다. 하지만 채널이 성장한 이후에도 키워드를 추가하지 않을 이유는 없으므로, 저 역시 채널이 성장한 이후에도 꾸준히 키워드를 가득 채우고 있습니다.

08 [동영상 요소]를 설정하는 화면이 나타납니다. 여기에서는 최종 화면과 카드를 추가할 수 있습니다. [최종 화면 추가]의 [추가]를 클릭합니다.

TIP 최종 화면을 추가하려면 롱폼(가로로 긴 60초 이상의 일반 영상)이어야 합니다. 쇼츠(세로로 긴 60초 이하의 영상)에는 나타나지 않습니다.

09 최종 화면은 영상 마지막에 다른 추천 영상 등을 소개하는 요소입니다. [최종 화면] 창에서는 해당 영상의 다음 영상으로 무엇을 추천할지 설정할 수 있습니다. ❶ [요소]를 클릭하면 ❷ 오른쪽 화면에 영역이 추가되고 여기서 위치, 크기 등을 조절할 수 있습니다. ❸ [동영상 요소]에서 어떤 영상을 추천할지 선택할 수 있습니다. ❹ 각 요소가 나타나는 시간도 조절할 수 있습니다. 작업이 끝나면 ❺ [저장]을 클릭합니다.

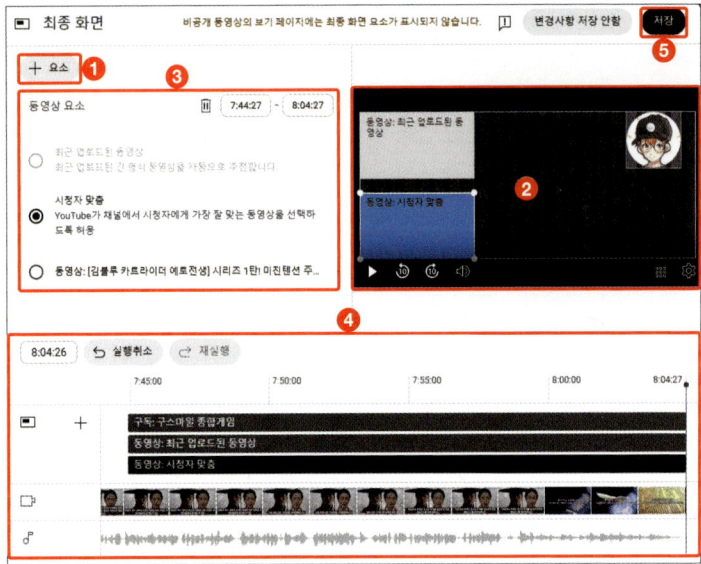

> **TIP** 최종 화면을 삽입하기 위해서는 영상의 첫 부분에 들어가는 인트로와 마찬가지로 마지막 부분에 들어가는 아웃트로를 미리 만들어야 합니다.

최종 화면에서는 내 채널의 다른 영상을 추천하기 때문에 영상을 끝까지 봐준 시청자에게 또 다른 영상을 추천할 수 있습니다. 이때 내 다른 영상을 클릭한 시청자는 채널에 더 오래 머물겠죠? 이렇게 유입된 시청자가 연관된 영상을 시청하는 행동은 유튜브 알고리즘에 좋은 영향을 줍니다.

10 [카드] 설정 화면입니다. 영상 중에는 영상을 보는 중간에 다른 영상을 볼 수 있게끔 홍보하는 역할을 하며 ❶[동영상], [재생목록], [채널] 등을 추가해

홍보할 수 있습니다. 이런 기능을 활용하면 시청자를 내 채널에 오래 붙잡아 놓을 수 있습니다. ❷ 마찬가지로 카드가 나타날 시간을 지정할 수 있습니다. 작업이 끝나면 ❸ [저장]을 클릭합니다.

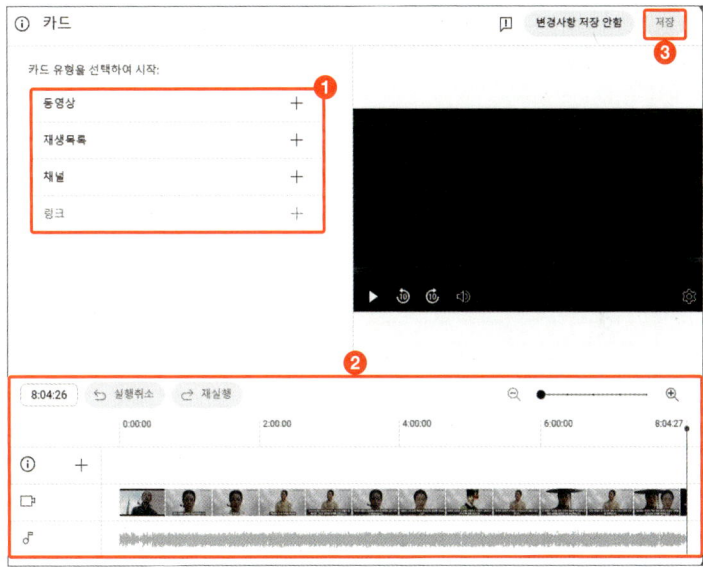

[최종 화면]이나 [카드] 기능을 통해 유입된 시청자가 나가지 않고 우리 채널 여기저기를 둘러보게 하는 것은 채널 성장의 비결이 됩니다.

11 [공개 상태]에서는 ❶이 영상을 어떻게 공개할지 선택할 수 있습니다. 바로 공개할 수도 있고 ❷[예약]을 활용해서 특정 시간에 영상이 공개되도록 예약할 수도 있습니다. ❸[게시]를 클릭하면 영상이 채널에 나타납니다.

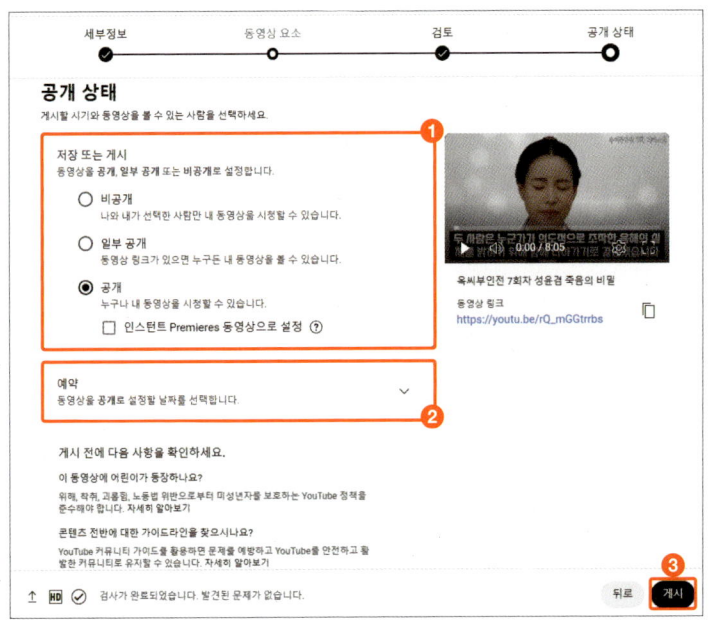

TIP 참고로 영상이 업로드된 후 화질 변환 작업인 인코딩이 자체적으로 이루어집니다. 업로드한 후 인코딩이 완료되지 않은 상태에서 영상을 공개하면 처음에는 저화질 버전으로 공개될 수 있습니다.

저는 예약 업로드를 선호합니다. 구독자들이 언제 가장 많이 유튜브를 시청하는지 예상해서 해당 시간에 영상이 공개되도록 합니다. 알고리즘이 워낙 발달해서 공개 시점은 큰 의미가 없다고 분석하는 데이터도 있습니다. 하지만 아직도 대부분은 영상이 공개된 직후 일어나는 극초반의 시청자 반응이 알고리즘에 좋은 영향을 준다고 보고 있습니다.

예를 들어서 내 채널의 시청자들이 주로 저녁 퇴근 시간대에 몰려있다면 예약 업로드로 해당 시간을 노리는 것도 한 방법이 될 수 있습니다. 초반에는 데이터가 충분하지 않겠지만, 채널이 성장하면서 여러분만의 판단 기준도 분명히 생길 것이기에 이러한 기능들은 충분히 활용하는 것이 좋습니다.

구스마일의 돈 버는 유튜브 실천 노트

유튜브 프리미어 기능으로 시청자와 소통하기

마지막으로 유튜브 프리미어 기능을 소개해볼까 합니다. 영상을 프리미어로 공개하게 되면 공개 보기 페이지가 만들어지고, 공개 시간까지 카운트다운이 표시됩니다.

프리미어 공개는 시청자들에게 기대감을 심어주는 역할과 동시에 시청자들과 소통할 수 있는 좋은 기능인데요! [공개로 예약]에서 공개 시간대를 설정하고 [Premieres 동영상으로 설정]에 체크하면 됩니다.

공개 시간이 되면 카운트다운이 끝나고 영상이 시작됩니다. 프리미어 영상은 최초 공개 시 마치 생방송처럼 영상이 재생되고, 시청자들은 영상을 뒤로 넘길 수 없이 라이브처럼 시청하게 됩니다.

이때 시청자들과 채팅할 수 있는 채팅창도 나타납니다. 이를 통해 이번 영상에 대해 시청자과, 혹은 시청자들끼리 대화를 나누며 영상을 시청할 수 있습니다. 이런 이벤트성 상호작용을 활용한다면 시청자들과 한층 가까워질 수 있는 계기가 될 것입니다.

LESSON 04
구독자 1,000명을 모았다면, 유튜브 수익 설정을 시작하세요!

유튜브 채널 수익화 조건

유튜브에서 수익을 창출하려면 일정 조건을 달성해야 합니다. 1차 수익 창출 조건은 2025년 1월 기준으로 구독자 수 500명, 최근 90일간 공개 영상 업로드 3건이어야 합니다. 또한 지난 12개월간 공개 영상의 시청 시간 3,000시간 또는 최근 90일간 공개 쇼츠 조회수 300만 회 달성 중 한 가지를 달성해야 합니다. 이 1차 조건을 달성하면 멤버십, 쇼핑(온라인 스토어) 등의 기능을 사용할 수 있게 됩니다.

2차 수익 창출 조건은 구독자 수 1,000명에 지난 12개월간 공개 영상의 시청 시간이 4,000시간 이상, 90일간 공개 쇼츠의 유효 조회수가 1,000만 회 이상입니다. 이렇게 2차 조건까지 달성하면 영상 광고 수익이 본격적으로 들어오게 됩니다.

> **TIP** 유튜브 수익 설정을 위해서는 구글 애드센스 회원 가입 후 계정을 연동해야 하며, 수익을 지급 받기 위해서는 외화 입금이 가능한 은행 계좌를 개설해야 합니다. 애드센스 회원 가입 방법은 어렵지 않으며, 계좌 개설은 각 주거래은행에 문의하면 상세히 안내받을 수 있습니다.

유튜브 수익 창출 설정하기

수익 창출 조건을 달성하면 [채널 수익 창출] 기능이 활성화됩니다. 자동으로 수익이 창출되는 것은 아니기 때문에 [광고 사용 설정] 기능에서 수익 창출에 대한 옵션을 설정할 수 있습니다.

01 [채널 수익 창출] 화면에서 [광고 사용 설정]을 클릭하면 광고 유형, 동영상 광고 배치 등을 선택할 수 있습니다.

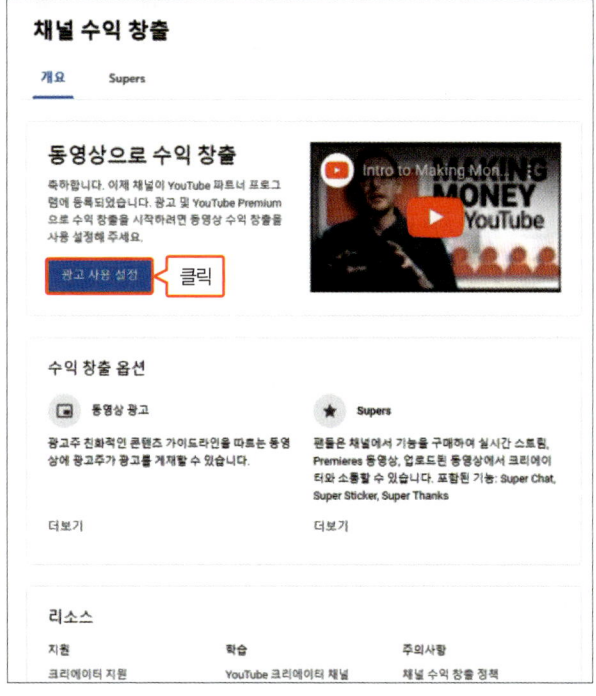

02 ❶ [광고 기본값 검토]에서는 내 채널에 적용할 광고 유형을 선택할 수 있습니다. 보통 모든 항목을 선택하는 경우가 대부분입니다. ❷ [다음]을 클릭합니다.

TIP [동영상 재생 중(미드롤)] 광고는 영상 중간에 삽입되는 광고입니다. 필요에 따라 선택합니다.

03 유튜브 스튜디오 메뉴에서 [수익 창출]을 클릭합니다. [기존 동영상 수익 창출]에서는 어떤 영상으로 수익을 창출할지 선택할 수 있습니다. ❶특별한 경우가 아니라면 기존에 등록한 전체 영상을 선택해서 광고를 모두 붙이는 것이 좋습니다. ❷[모두 수익 창출]을 클릭합니다.

04 특별히 어떤 영상은 수익을 내지 않는 영상으로 만들고 싶을 경우 해당 영상 업로드 전후로 개별 영상 옵션에서 수익 창출 여부를 선택할 수 있습니다.

LESSON 05
유튜브 스튜디오를 알면 채널 분석 방법이 보여요!

유튜브 스튜디오 들여다보기

유튜브 채널을 운영하면서 **데이터를 제대로 읽는 것**은 분명 도움이 됩니다. 단순히 조회수만 확인하고 끝내는 것이 아니라, 구체적인 분석을 통해 **무엇이 잘되고 있고, 어떤 점을 개선해야 하는지 이해하는 것**을 돕기 때문입니다.

유튜브 스튜디오는 이를 도와주는 강력한 도구인데요. 이번 LESSON에서는 유튜브 스튜디오에서 제공하는 데이터 분석 방법과 이를 활용한 채널 성장 전략을 알아보고, 또 그것이 지나치면 안 된다는 것도 이야기를 해보겠습니다.

먼저 유튜브 스튜디오의 각 메뉴들을 살펴보겠습니다. 유튜브 스튜디오는 유튜버가 채널의 모든 것을 관리할 수 있는 중심지로 나만의 유튜브 채널 사무실이라고 보시면 됩니다. 메뉴는 다음 그림과 같고 하나씩 설명해보겠습니다.

```
┌─────────────────────┐
│  ▦   대시보드        │
│                     │
│  ▶   콘텐츠          │
│                     │
│  ll.  분석           │
│                     │
│  ᛭   커뮤니티        │
│                     │
│  ▭   자막           │
│                     │
│  ⓒ   저작권         │
│                     │
│  $   수익 창출       │
│                     │
│  ✨  맞춤설정        │
│                     │
│  ♪   오디오 보관함   │
└─────────────────────┘
```

① **대시보드** : 대시보드는 유튜브 스튜디오의 메인 화면으로, 채널의 전반적인 현황을 빠르게 확인할 수 있는 공간입니다. 주로 최근 조회수, 구독자 증가 수, 수익 추정치 등을 보여주는 채널 성과 요약과 최신 업로드된 영상의 조회수, 클릭률(CTR), 평균 시청 지속 시간 등을 확인할 수 있습니다. 그리고 유튜브 정책 변경, 신규 기능, 맞춤 팁 등의 알림을 제공합니다.

대시보드는 채널의 현재 상태를 한눈에 볼 수 있는 곳입니다. 예를 들어 최근 영상이 예상보다 잘되거나 반대로 조회수가 급감하는 경우 문제를 파악하거나 전략을 수정하는 데 도움을 줄 수 있습니다.

② **콘텐츠** : 콘텐츠는 업로드한 모든 영상과 라이브 스트리밍을 관리할 수 있는 공간입니다. 주요 내용으로는 모든 영상의 조회수, 댓글 수, 좋아요 수, 공개 상태 등을 한눈에 볼 수 있는 영상 목록과 각 영상의 시청 지속 시간(WT), 유입 경로, 클릭률 등을 확인할 수 있는 세부 통계가 있습니다. 또한

제목, 설명, 섬네일, 태그 등을 수정하거나 수익 창출 설정을 변경할 수 있는 영상 편집 기능과 영상 공개 설정 기능(공개, 비공개, 예약 등의 상태)도 제공합니다.

이 메뉴는 특정 영상이 왜 잘되었는지, 반대로 왜 실패했는지 분석하는 첫 단계입니다. 예를 들어 섬네일과 제목을 변경하여 클릭률을 높이는 실험을 할 수 있습니다.

③ **분석** : 분석은 채널 성과를 심층적으로 분석할 수 있는 핵심 공간입니다. 주요 내용으로는 채널의 총 조회수, 구독자 증가 수, 예상 수익 등의 전반적인 통계를 보여주는 개요와 각 영상의 조회수, 클릭률, 시청 지속 시간 등을 확인할 수 있는 콘텐츠 성과가 있습니다. 또한 시청자의 성별, 연령대, 지역, 활동 시간대 등을 보여주는 시청자 분석과 시청자가 영상을 발견한 경로(검색, 추천 영상, 외부 링크 등)를 알 수 있는 트래픽 소스 정보도 제공합니다.

이 메뉴는 다양한 방법으로 활용할 수 있습니다. '추천 영상'에서 유입된 비율이 높다면 유사한 콘텐츠를 제작하여 성장 가능성을 높일 수 있고 '시청자 활동 시간대' 데이터를 통해 최적의 업로드 시간을 계획할 수 있습니다.

④ **커뮤니티** : 커뮤니티는 채널을 구독하고 영상을 시청하는 사람들의 정보를 제공하며, '댓글' 부분은 모든 영상에 달린 댓글을 관리하는 공간입니다. 최신순, 인기순으로 댓글을 확인할 수 있는 모든 댓글 보기 기능과 특정 키워드나 신고된 댓글만 모아볼 수 있는 댓글 필터 기능, 그리고 댓글에 바로 답변하거나 숨길 수 있는 답글 달기 또는 숨기기 기능이 있습니다.

이 기능은 팬들과의 소통을 적극적으로 활용하는 데 도움이 됩니다. 질문에 답하거나 피드백을 반영하면 구독자의 충성도를 높일 수 있습니다.

⑤ **자막** : 영상에 자막을 추가하거나 관리하는 메뉴는 콘텐츠의 접근성을

높이고 전 세계 시청자들에게 더 나은 시청 경험을 제공합니다. 유튜브는 영상의 음성을 인식하여 자동으로 자막을 생성하며, 이를 편집하여 완성도 높은 자막을 만들 수 있습니다.

직접 작성한 자막 파일을 업로드하거나 시간대별로 텍스트를 직접 입력할 수도 있습니다. 한 언어로 작성한 자막은 번역 프로그램을 통해 다양한 언어로 제공할 수 있으며, 유튜브의 자동 번역 기능으로 여러 국가 시청자들에게 콘텐츠를 쉽게 전달할 수 있습니다. 또한 자동 동기화 기능으로 자막을 영상과 정확히 맞출 수 있고, 자막의 상태(자동 생성, 초안, 공개)를 확인할 수 있습니다.

⑥ 저작권 : 저작권 침해 여부를 관리할 수 있는 공간입니다. 내 영상이 다른 곳에서 무단으로 사용되었는지 확인할 수 있는 내 콘텐츠 사용 추적 기능과 저작권 침해 신고가 가능한 저작권 요청 기능이 있습니다.

내 콘텐츠가 무단으로 사용된 경우 저작권 신고를 통해 보호하는 데 활용할 수 있습니다. [일치 동영상] 탭에서 내 영상을 불펌해간 일치되는 영상을 볼 수 있습니다. 어느 채널이 내 영상을 불펌해갔는지, 일치율은 몇 퍼센트인지, 언제 퍼갔는지 등을 알 수 있고 그런 영상들을 삭제 요청할 수 있습니다.

⑦ **수익 창출** : 채널의 수익 창출 상태를 확인하고 관리하는 공간입니다. 수익 창출 조건을 달성했다면, 이곳에서 구글 애드센스 계정과 연결할 수 있습니다. 또한 쇼핑 메뉴를 통해 내 채널에서 상품을 판매할 수도 있습니다.

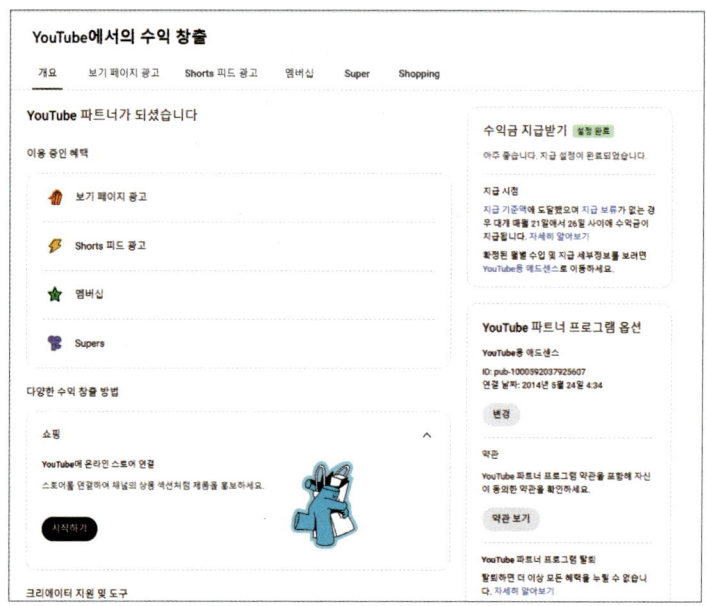

⑧ **맞춤설정** : 앞서 LESSON 01에서 살펴본 채널의 외관과 설정을 변경할 수 있는 공간입니다. 로고(사진)와 배너 이미지 외에도 채널 설명, 키워드, 메일 주소 등을 입력할 수 있는 기본 정보 설정이 있습니다.

프로필 사진은 채널에 방문하는 사람들에게 첫인상을 전달하는 중요한 요소입니다. 그래서 깔끔하고 전문적으로 보이도록 꾸미는 것이 중요하고, 이런 세팅이 갖춰지지 않는다면 출발이 좋지 않을 수 있습니다. 따라서 채널의 간판인 로고와 대문인 배너 이미지를 꼭 만들고 적용한 후 채널을 시작하는 것을 추천합니다.

⑨ **오디오 보관함** : 유튜브 크리에이터들에게 무료로 사용할 수 있는 음악과 사운드 효과를 제공하는 공간입니다. 이 메뉴를 활용하면 저작권 문제 없이 영상에 배경음악과 효과음을 추가할 수 있습니다.

내 채널에 독이 되는 분석

이렇게 유튜브 스튜디오의 메뉴들을 한눈에 살펴보았습니다. 여기서 꼭 강조하고 싶은 것이 있습니다. 유튜브 스튜디오에서 그래프를 들여다보는 일에 몰입하면 오히려 채널 성장에 해악이 될 수 있습니다. 그 이야기를 정리해서 말해보겠습니다. 유튜브 스튜디오, 왜 적당히 봐야 할까요? 유튜브 스튜디오를 과하게 분석하면, 데이터에 휘둘려서 마음이 불안해질 수 있습니다. 이 점을 미리 알아두고, 아래와 같은 상황을 조심해야 합니다.

첫째, 조회수에 집착하게 될 수 있습니다. 영상 하나의 조회수가 낮게 나오면 "내 콘텐츠가 부족한가?"라고 자책하거나 주변 사람들의 이야기 때문에 불안감이 커질 수 있습니다. 조회수는 초반에 항상 들쭉날쭉합니다. 유튜브는 시간이 흐르면서 영상의 적합한 타깃층을 찾아주기 때문에 초반 데이터로 자신감을 잃지 마세요.

둘째, 비교의 늪에 빠질 수 있습니다. "왜 내 채널은 저 유튜버처럼 성장하지 않을까?"라는 생각이 들 때가 있을 겁니다. 하지만 모든 채널은 성장 곡선이 다릅니다. 꾸준히 하는 것이 더 중요합니다.

셋째, 숫자만 보고 중요한 본질을 잃을 수 있습니다. 데이터가 중요하다는 말을 많이 듣지만 유튜브의 본질은 콘텐츠의 재미와 진정성입니다. 숫자에 몰두하다보면 "이 데이터를 올리려면 어떻게 해야 할까?"만 생각하고 정작 즐거운 마음으로 만드는 콘텐츠의 본질을 잃을 수 있습니다.

마인드셋을 지키는 방법을 알려드리겠습니다.

첫째, 주변 이야기에서 자유로워지세요. 조회수나 구독자 수에 대해 주변 사람들이 이야기할 수 있습니다. "왜 이렇게 조회수가 낮아?"라는 말을 듣는다면 '나는 꾸준히 하고 있어'라는 마음으로 휘둘리지 않도록 스스로를 다독여야 합니다.

둘째, 숫자는 참고용일 뿐입니다. 데이터는 참고일 뿐 그것이 모든 것을 말해주진 않습니다. 오히려 자신의 콘텐츠가 시청자들에게 어떤 가치를 주고 있는지 생각하는 것이 더 중요합니다.

셋째, 한 영상에 너무 큰 기대를 하지 마세요. 유튜브는 히어로 영상(폭발적인 조회수를 기록한 영상) 한 편이 채널을 띄우는 경우가 많습니다. 꾸준히 올리면 내 히어로 영상이 나올 가능성이 높아지니 영상 하나로 모든 걸 판단하지 마세요.

어떤 데이터를 어떻게 확인해야 할까요? 하루에 한 번 또는 일주일에 한두 번씩 간단히 확인만 하세요. 중요 데이터는 다음과 같습니다.

- **조회수/시청 시간** : 채널이 성장하고 있는지를 보는 간단한 척도
- **클릭률** : 섬네일과 제목의 개선이 필요한지 확인
- **시청 지속 시간** : 영상 구조나 길이를 조정하는 데 도움
- **구독자 증가** : 어떤 영상이 구독자를 끌어왔는지 파악

그 외에는 너무 깊게 분석하지 않아도 괜찮습니다. 결론은 꾸준함이 답입니다. 유튜브는 단거리 경주가 아니라 마라톤입니다. 성공한 유튜버들 모두는 꾸준함을 강조합니다. 그 꾸준함을 유지하기 위해서는, 데이터에 지나치게 얽

매이지 않고 **자신만의 속도와 방식으로 걸어가는 것이 중요합니다.** 유튜브 스튜디오는 참고용 도구일 뿐, 여러분의 성공 여부를 단정짓는 잣대가 아니라는 점을 꼭 기억하세요.

초보 유튜버를 위한 Q&A

Q 01 쇼츠와 롱폼(일반 영상) 중 무엇을 먼저 시작해야 할까요?

A 쇼츠와 롱폼(일반 영상) 중 무엇을 먼저 시작할지는 **채널의 목표와 운영 방식에 따라 다르지만, 병행하는 것이 가장 효과적**입니다.

쇼츠는 빠른 노출과 구독자 확보에 유리합니다. 유튜브 알고리즘이 쇼츠를 적극 추천하므로 신생 채널도 조회수를 확보할 기회가 많고, 제작 부담이 적어 쉽게 시도할 수 있습니다.

쇼츠와 롱폼은 각각 장단점이 있으므로, 둘의 장점을
모두 활용하는 것이 좋습니다.
(이미지 생성 AI로 제작)

쇼츠에서 채널을 접한 사람들이 롱폼으로 유입되는 효과도 기대할 수 있지만, 지속적인 수익 창출은 어렵고 충성도 높은 구독자 확보에 한계도 있습니다.

롱폼은 시청 지속 시간(WT) 확보와 수익 창출에 강점이 있습니다. 시청 시간이 길수록 알고리즘에 긍정적 영향을 주고, 광고 수익도 안정적으로 발생합니다. 또한 시청자와 깊은 관계를 형성하는 데 유리하지만, 제작 시간이 오래 걸리고 채널 초반에는 시청자 유입이 느릴 수 있습니다.

가장 효과적인 전략은 초반에는 쇼츠를 활용해 채널 인지도를 높이고, 이후 롱폼으로 전환하는 것입니다. 롱폼 영상 하나를 만들고 그 안에서 핵심 장면을 뽑아 쇼츠 여러 개를 제작하면 효율적입니다.

예를 들어 드라마 리뷰 채널이라면 10~15분짜리 롱폼 영상을 만든 후, 흥미로운 부분만 따로 잘라 30~60초짜리 쇼츠로 제작해 시청자들이 롱폼을 보게 만드는 흐름을 만들 수 있습니다.

결론적으로 **초기에는 쇼츠를 적극 활용해 구독자를 유입시키되, 장기적인 성장과 안정적인 수익화를 위해서는 롱폼 콘텐츠를 꾸준히 제작하는 균형 잡힌 운영 전략**이 가장 좋습니다.

단, 채널 성격에 따라 쇼츠로도 충분히 구독자를 확보하고 소통할 수 있습니다. 예를 들어 간단한 제품 리뷰라면 롱폼보다는 쇼츠가 유리할 수 있습니다. 따라서 채널과 콘텐츠 성격에 따라 쇼츠와 롱폼을 적절히 활용하는 자세가 필요합니다.

초보 유튜버를 위한 Q&A

Q 02 영상은 일주일에 몇 개씩 올려야 하나요?

A 유튜브를 처음 시작하는 **초보자에게는 일주일에 2개의 영상이 가장 적당한 빈도**입니다. 너무 적게 올리면 성장 속도가 더뎌지고, 너무 많이 올리면 채널 관리가 어려워집니다.

처음에는 자신의 제작 속도와 능률을 고려해 목표를 설정하는 것이 좋습니다. 초반 한 달 동안은 일주일에 한 개씩 올려보면서 영상 제작에 익숙해지고, 점차 업로드 빈도를 늘려가는 방식이 효과적입니다. 처음부터 일주일에 4~5개씩 올리면 빠르게 지치고 지속하기 어려울 수 있습니다.

영상 업로드 빈도를 정할 때 가장 중요한 것은 **품질과 지속 가능성**입니다. 알고리즘은 일정한 업로드 패턴을 유지하는 채널을 선호하므로, 한번 정한 업로드 스케줄을 꾸준히 지키는 것이 중요합니다. 한 주에 3개씩 올리다가 2~3주 동안 갑자기 아무 영상도 올리지 않으면 유튜브의 추천 시스템에서 점점 멀어질 수 있으므로, 처음부터 **자신이 꾸준히 유지할 수 있는 현실적인 업로드 계획**을 세우는 것이 좋습니다.

Q 03 유튜브 채널의 브랜딩 세팅 시기는 언제인가요?

A 유튜브 채널을 시작할 때 완벽히 준비하는 것보다 첫걸음을 내딛는 것이 중요합니다. 고민이 많아지는 건 당연합니다. 시작을 미루기보다 우선 기본적인 설정만 빠르게 갖춘 후 영상 업로드를 시작하는 것이 좋습니다.

프로필, 배너 이미지, 섬네일 같은 기본 브랜딩 요소는 시청자에게 "이 채널은 제대로, 체계적으로 운영되는구나!"라는 인상을 주므로 **가장 먼저 준비하되, 채널을 운영하면서 구독자 반응을 살피고 채널 방향성이 잡히는 과정에서 점진적으로 개선**해도 충분합니다.

Q 04 갓 만든 채널도 유튜브 알고리즘에 노출될 수 있나요?

A **신규 채널도 알고리즘에 노출될 수 있습니다.** 유튜브의 알고리즘은 채널의 크기보다는 영상 자체의 성과에 초점을 맞춥니다. 시청자들이 얼마나 오래 머물고 많이 반응하는지에 따라 노출 범위를 결정합니다. 구독자가 적어도 좋은 콘텐츠를 만들고 사람들이 많이 시청한다면 유튜브가 자연스럽게 더 많은 사람들에게 영상을 추천할 가능성이 높아집니다.

알고리즘은 기존 구독자뿐 아니라 해당 콘텐츠에 관심이 있을

초보 유튜버를 위한 Q&A

법한 시청자에게 영상을 노출하는 방식으로 작동합니다. 특정 키워드가 포함된 영상이 시청자의 관심사와 일치한다고 판단되면, 그 시청자의 추천 피드에 노출될 확률이 높아집니다. 특히 새롭게 업로드된 영상은 일정 기간 동안 유튜브가 성과를 테스트하기 때문에 신규 채널에게도 기회는 충분히 열려있습니다.

PART 04

AI와 도전하는 간편한 유튜브 영상 제작&편집

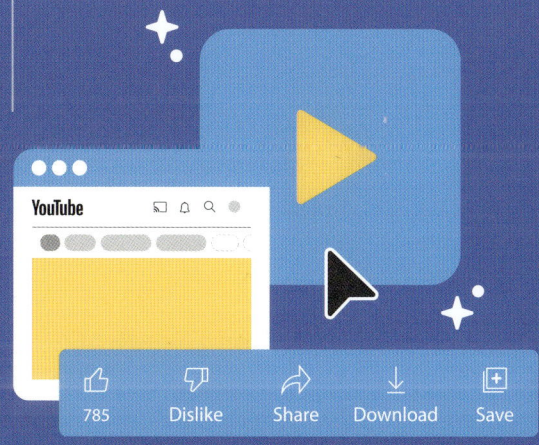

LESSON 01
지금이 바로
유튜브에 도전하기 좋은 때

유튜버 도전을 망설인다면

제가 유튜브 강의를 시작한 이래로 수강생들로부터 이런 말을 자주 듣습니다.

"지금 유튜브를 해도 될까요?", "이미 많은 사람이 하고 있는데 해도 될까요?", "편집은 어떻게 해야 할지 하나도 모르겠어요.", "솔직히 하고는 싶은데 막막해서 시작을 못하겠어요."

이런 고민들을 다 이해합니다. 당연한 일입니다. 지금 유튜브 세상에는 재능 있는 사람들이 너무나 많고, 누가 봐도 멋지고 품질 높은 영상들이 넘쳐나니까요. 그런 영상들만 보면 내 영상은 너무 부족하고 기껏 시작해도 누가 봐줄까 싶고 두렵게 느껴지죠.

그런데 지금 이 글을 보고 있다면 이미 절반은 시작한 것이라 생각합니다. 왜냐하면 **'하고 싶다'는 마음은 실행의 시작점이기 때문이죠.**

2025년의 유튜브 시장은 분명 변화했습니다. 이제 유튜브는 혼자 하는 시대가 아니라는 말도 많이 나옵니다. 1인 크리에이터 시대를 넘어 인플루언서와 대형 기획사가 함께하고 고급 장비, 전문 인력이 투입되니 어지간한 채널의 영상도 웬만한 지상파 방송 못지않습니다.

그렇다면 혼자서 시작하는 유튜브는 안 되는 걸까요? 절대 그렇지 않습니다.

생각하는 것을 뚝딱 만들 수 있는 시대

지금이야말로 내가 좋아하는 것을 빠르게 콘텐츠로 만들 수 있는 최적의 시기입니다. 왜냐하면 내가 잘 아는 분야, 내가 진짜 좋아하는 주제, 내가 말하고 싶은 이야기 이 모든 것이 콘텐츠로 전환되게 하는 프로그램과 환경이 갖춰진 시대이기 때문입니다.

예전처럼 영상 하나를 만들려면 PC에 무거운 어도비 프리미어 프로(Adobe Premiere Pro)를 설치해 편집하고 포토샵으로 섬네일을 만들고 컷 편집, 자막 모든 걸 하나하나 직접 만들며 다양한 난관과 싸워야 했죠. 그런데 지금은 무료 프로그램이 넘쳐나고 AI가 많은 것을 대신해줍니다.

옛날에는 오디오를 들으며 자막을 받아 적었지만, 요즘은 자동으로 자막이 생성됩니다. 또 영상 컷 편집도 AI가 오디오의 빈 부분을 골라주고, 섬네일은 몇 번의 클릭만으로 멋지게 완성할 수 있습니다.

이제는 전문가가 아니어도 됩니다. 기술자가 아니어도 됩니다. 단지 아이디어가 번뜩이는 **도전하는 사람**이면 충분합니다.

과거에는 힘들었던 유튜브 채널 운영, 영상 편집 등
다양한 작업을 AI에게 위임할 수 있습니다. (이미지 생성 AI로 제작)

도전 앞에서 주저하는 건 당연합니다. 하지만 그 주저함을 오래 안고 있지 마세요. 처음부터 완벽할 필요는 없습니다. 처음에는 어설프고 시간이 걸리고 부끄럽기도 합니다. 그런데 그건 누구나 다 거치는 과정이에요. 그 과정을 시작한 사람만이 결국 완성에 가까워질 수 있습니다.

막막한 마음이 들 때는 꼭 이렇게 생각해보세요. '지금 내가 막히고 어려워하는 이 지점은 분명 누군가도 겪었고, 그래서 해결 방법이 있을 거야!'

실제로 그렇습니다. 대부분의 우리가 겪는 어려움은 누군가의 도움으로 해결된 적이 있고 그 해결 방법은 지금도 인터넷 어딘가에 잘 정리되어 있을 것입니다.

중요한 건 '나는 못해'가 아니라 '나는 모르지만 배울 수 있어'라는 태도입니다. 유튜브는 완성된 사람들이 시작하는 곳이 아닙니다. 시작한 사람들이 완성되어 가는 여정을 기록하는 곳입니다.

'언젠가'를 기다리지 마세요. 지금 이 순간 스마트폰 하나로도 유튜브를 시작할 수 있습니다. 지금 이 순간 딱 하나의 영상만 올려도 됩니다. 그 하나가 인생의 새로운 전환점이 될 수 있습니다.

이번 파트에서는 어렵고 복잡한 용어와 모든 프로그램의 사용법을 다 설명하진 않겠습니다. 하지만 내가 지금 무엇을 해야 하고 어떤 프로그램이 필요한지, 어떤 프로그램을 활용하면 좋을지 그 방향은 분명하게 짚어드릴 생각입니다. 여러분의 필요에 따라, 상황에 따라 유연하게 선택하고 그만큼 노력하면 됩니다.

한 가지만 꼭 기억해주세요. 지금도 늦지 않았습니다. 여러분이 만든 첫 영상은 진심이 담겼다면 그 자체로 충분한 가치가 있습니다. 이제 여러분만의 유튜브를 시작해보세요!

LESSON 02
초보도 시작할 수 있는 간단한 영상 편집 순서

영상 편집은 기초 3단계만 알면 된다

영상 촬영은 당연히 힘듭니다. 하지만 아이템과 주제 선정 후 촬영하는 과정 자체는 생각보다 즐겁고 시간도 금방 갑니다. 현장의 순간을 즐기는 브이로거나 PC 앞에서 촬영하고 녹음하고 자료를 찾아 정리하는 것이 대부분인 정보 전달형 유튜버라면 더욱 그렇습니다. 내 아이디어가 번뜩이는 걸 느끼면서, 영상을 찍고 스스로 피드백하면서 재촬영하는 과정마저도 즐겁게 느껴지는 경우도 많습니다.

의외로 영상을 제작할 때 가장 많은 시간이 소요되고, 정신적으로 소모되는 작업은 편집입니다. 생각보다 많은 초보자들이 촬영은 잔뜩 해놓고 편집할 엄두가 안 나 손을 못 대는 경우도 자주 보았습니다.

저도 그랬습니다. 저는 기본적으로 게으른 사람이기에 편집을 효율적으로 할 방법이 있는지 끊임없이 고민했습니다. 고민 끝에 영상 하나하나 너무 공을 들이는 것보단 최소한의 편집으로 채널을 운영하기로 했습니다. 남는 시간에 더 많은 콘텐츠를 제작하기로 말이죠. 그렇게 영상의 품질보다 업로드 주기에 집중하니 월 300만 원을 버는 채널로 금방 성장했습니다. 이후에는 전문 편집자를 채용하고 남는 시간에 더 많은 콘텐츠를 제작해 월 수익 1,000만 원을 돌파했죠.

제가 정립한 최소한의 편집 과정은 다음과 같습니다. **컷 편집, 자막, 효과** 세 단계로 편집하되 앞의 두 단계까지 작업하고 세 번째 단계는 최소한만 적용하거나 생략할 때도 많았습니다. 그럼 단계별로 하나씩 살펴볼까요?

1단계 : 컷 편집

가장 먼저 편집 프로그램에서 촬영한 영상을 순서대로 나열하고 리뷰해보세요! 영상을 쭉 살펴보면 잘못 말한 부분이나 쓸데없는 부분, 재미없는 부분이 분명히 있을 겁니다. 이 부분을 잘라내고 쓸모 있는 장면만 남기는 작업이 바로 컷 편집의 기본입니다.

특별한 경우가 아니라면 촬영한 장면 대부분은 거의 자르는데, 버린다는 느낌보다는 필요한 장면만 살린다고 생각하면 좋습니다.

혼자서 채널을 운영할 때, 편집하기 싫은 날에는 컷 편집만 신경 쓰고 영상을 올리기도 했습니다. 그럼에도 조회수가 잘 나왔습니다. 그만큼 컷 편집은 매우 중요합니다. 저는 컷 편집이 콘텐츠 완성도의 70%를 결정짓는 핵심이라고 생각합니다.

제가 **컷 편집할 때 가장 주의를 기울이는 부분은 오디오의 빈 부분이 없도록 작업하는 것**입니다. 말없이 뜸을 들이거나, 설명하는 중간 사운드가 약해지는 부분은 쓸모없고 지루한 장면일 가능성이 높습니다. 다음 사진은 제가 편집자를 채용할 때 꼭 전달하는 자료인데, 이 컷 편집 철칙을 편집자들에게도 강조합니다.

전문 편집자에게 전달하는 자료에 오디오 빈 부분을 요청하는 예시

TIP 설명 없이 작업 과정을 담백하게 보여주는 유튜버들도 있습니다. 이때 사운드 없이 작업하는 장면만 보여주면(혹은 배경음악만 깔면) 영상이 지루해집니다. 감성적인 요리 유튜버라면 내레이션 없이 자막과 요리 장면만 보여주더라도, 요리 과정은 최대한 압축하고 재료를 자르거나 볶거나 끓일 때 나는 소리를 잘 녹음해 전달하는 것이 중요합니다.

오디오의 빈 부분을 제거한 영상은 속도감 있고 빠른 전개로 생동감을 느끼게 합니다. 이런 편집 과정을 모르는 많은 채널들이 가치 있는 콘텐츠를 만들면서도 편집의 아쉬움으로 주목받지 못하고 있습니다.

유튜브 시청자들은 매우 성급한 편입니다. 저도 시청자가 되면 영상이 조금만 느리게 느껴져도 다른 콘텐츠로 넘어갑니다. 시청자의 관심을 유지하려면 빠르고 몰입감 있는 전개가 필수적입니다. 이렇게 하면 시청자들은 놀라움 속에 계속 시청하게 되고, 시청 지속 시간(WT)이 늘어나면 유튜브 알고리즘이 영상을 더 많이 노출해줍니다.

이 비결을 잘 활용하는 채널은 강한 몰입감이 장점이며, 시청자가 흥미를 가지고 영상을 끝까지 보게 만듭니다. 유튜버가 쉬지 않고 정보를 쏟아내는 방식은 성공의 1등 공식입니다. 잔잔함이 채널의 무기가 아니라면 어떤 유형의 채널을 운영하든 속도감을 높이는 것은 아주 중요합니다.

2단계 : 자막

영상에 자막을 넣는 것은 필수가 아니지만, 저는 영상에 자막을 넣는 걸 강력하게 추천합니다. 이유는 다음과 같습니다.

첫째, 자막이 있는 영상은 시청자의 집중도를 높여줍니다. 자막이 있다면 시끄러운 환경에서도 시청이 가능하며, 반대로 조용한 장소나 이어폰을 사용하기 어려운 환경에서도 원활한 시청을 도와줍니다. 무엇보다 오디오의 청각과 자막의 시각 정보가 더해지면 내용 이해는 물론 시청자의 몰입감이 높아집니다.

둘째, 자막을 통해 전 세계 시청자들에게 노출할 기회를 얻습니다. 한글 자막을 영상에 삽입하는 것 외에, 유튜브의 자체적인 자막 기능을 활용하면 자동 번역 기능 혹은 번역된 자막을 통해 전 세계 시청자들과 소통할 수 있습니다.

셋째, 자막이 있으면 콘텐츠가 더 체계적으로 보입니다. 촬영을 해보면 단순한 말실수, 잘못된 용어를 사용한 채 촬영을 진행하는 경우가 많습니다. 이때 자막을 활용하면 좋습니다. 자막 기능을 통해 이를 바로잡고, 더 정확한 정보를 전달할 수 있는 것이지요.

이런 이유 때문에 저는 자막을 강력하게 추천합니다. 추가로 채널이 좀 더 커지면 영상의 분위기를 고려한 자막 디자인을 통해 여러분이 원하는 대로 채널을 운영할 수 있을 것입니다.

자막을 넣는 방법은 두 가지가 있습니다. 즐거움을 전달하는 영상이라면 재미있는 부분에 디자인된 포인트 자막을 넣을 수 있고, 정보를 전달하는 영상이라면 전체 오디오를 받아쓰는 방식도 가능합니다. 이 둘을 적절하게 혼용하는 것도 가능하고요.

옛날에는 자막을 만들기 위해 오디오를 듣고 일일이 타이핑해야 했지만, 요즘은 AI가 자동으로 음성을 인식해 자막으로 만들어주는 편집 프로그램이 많습니다. 우리는 AI가 받아쓴 자막을 최종 확인하면서 오탈자만 잡으면 되니 자막 작업을 훨씬 수월하게 할 수 있습니다. 대표적인 자막 프로그램으로는 브루(Vrew)가 있고, 제한적이지만 가벼운 영상 편집 프로그램 중에서는 캡컷(CapCut), 전문 편집 프로그램 중에는 어도비 프리미어 프로(Adobe Premiere Pro)에서도 자동 자막 적용이 가능합니다.

> **구스마일의 돈 버는 유튜브 실천 노트**
>
> **자막 삽입할 때 알면 좋은 꿀팁**
>
> 자막은 영상 내부에 삽입할 수 있지만, 바로 삽입하지 않고 '자막 파일'로 유튜브에 업로드하여 시청자가 임의로 자막을 켜고 끄게 할 수도 있습니다. 자막 파일을 활용하면 유튜브 번역 기능을 활용해 전 세계 시청자들이 시청할 수도 있고요.
>
> 대표 자막 프로그램 브루에서 자막만 따로(srt와 같은 파일) 추출한 후 유튜브 영상을 업로드할 때 같이 업로드할 수 있습니다. 참고로 브루에서는 한국어로 된 자막을 다양한 언어로 번역할 수 있습니다. 자세한 내용은 138쪽에서 살펴보겠습니다.

3단계 : 효과

효과는 영상에서 반드시 필요한 요소가 아닌 부가적인 요소입니다. 영상 앞뒤의 인트로, 아웃트로부터 장면 전환 효과, 배경음악, 효과음, 확대와 축소 등 기본 컷 편집된 영상과 자막 외에 다양한 요소가 모두 효과입니다.

저는 효과를 넣을 때 중요한 포인트를 강조하기 위해 확대 효과나 포인트 자막을 주로 활용합니다. 이 둘은 영상의 맛을 살려주는 간단하면서도 강력한 방법입니다.

예를 들어 드라마 콘텐츠에서는 주인공이 눈물 흘리는 장면을 확대하면 감정이 잘 전달되고, 게임 콘텐츠에서는 스킬 아이콘이나 발동 장면을 확대해 시청자의 몰입감을 높일 수 있습니다. 또한 포인트 자막이 나올 때 효과음을 같이 넣으면 생동감이 더해집니다.

> **TIP** 효과음은 구글에서 '효과음 다운로드'로 검색하면 다양한 효과음을 찾을 수 있습니다. 다운로드 한 후 영상 편집 프로그램에서 사운드만 추출하면 쉽게 적용할 수 있습니다. 또한 일부 영상 편집 프로그램에는 효과음들이 내장되어 있습니다.

효과는 적절히 활용하거나 생략해도 무방합니다. 본인이 실력이 있다면 가능한 선까지 추가하는 것도 당연히 좋습니다. 다만 채널 초반에는 컷 편집과 자막에 들어가는 시간 대비 효과에 많은 시간을 투자하지 않는 것이 좋습니다. 작업 효율이 떨어지고 지칠 수 있기 때문입니다.

화려한 효과가 반드시 영상의 품질을 높이는 것은 아닙니다. 본인의 실력이 아직 부족하고, 작업 시간이 오래 걸린다면 깔끔하게 컷 편집하는 기술과 감각을 먼저 익히고, 자막에 집중하는 것이 좋습니다. 두 가지로도 충분히 훌륭한 영상을 만들 수 있습니다.

이렇게 컷 편집과 자막에 집중하면 편집 공부를 하는 시간이 크게 줄어듭니다. 어떤 프로그램을 사용하든 자르고, 붙이고, 자막 삽입하기라는 기본 기능만 익히는 데 집중해보세요! 이 정도는 유튜브에 있는 관련 강의만 독학해도 1시간 내외로 충분히 배울 수 있습니다.

구스마일의 돈 버는 유튜브 실천 노트

컷 편집 공부가 중요한 이유

영상 편집에서 컷 편집이 중요하다고 강조하는 이유는 영상의 품질을 높이려는 목적도 있지만, 직접 하는 것이 성과가 가장 확실한 영역이기 때문입니다.

자막은 AI로 받아 적게 시키고 여러분이 최종 검토만 하면 됩니다. AI가 음성을 받아쓰는 능력은 점점 강화되고 있습니다. 오디오가 불명확한 경우가 아니면 사람보다 맞춤법을 더 잘 지키고 오탈자를 찾기 힘든 수준까지 왔습니다.

전환 효과나 효과음 심지어 포인트 자막도 요즘은 영상 편집 프로그램에 내장되어 있거나 템플릿을 가져와 넣는 것만으로도 충분히 커버가 가능한 영역이 되었습니다. 배경음악은 물론 인트로와 아웃트로도 템플릿을 구하기 쉽습니다.

다만 컷 편집은 사람이 직접 해야 합니다. 단순히 오디오의 빈 부분을 제거하는 기능은 AI로도 충분히 가능합니다. 하지만 잘못 말한 부분(NG 장면), 재미없는 부분, 불필요한 내용, 늘어지는 장면을 골라내는 것은 사람이 해야 합니다. 하물며 잔잔하게 풍경을 보여주는 브이로그, 내레이션을 입히기 위해 촬영한 영상은 AI가 임의로 처리할 수도 없습니다.

채널 초반에는 원본 영상을 리뷰하면서 기본 기능을 활용해 컷 편집을 해보고, 전체 영상을 다시 리뷰하면서 자를 부분이 있는지 검토하며 필요한 부분만 남기는 감각을 기르는 것이 중요합니다.

기본 프로그램이 익숙해지면 단축키 등을 활용해 더 빠르게, 손에 익도록 설정을 바꿔가며 시간을 단축하는 과정을 거쳐야 합니다. 그리고 지금 쓰는 프로그램으로도 시간을 더 단축하기 힘들다면 고급 프로그램이나 편집 전용 기기를 구매하는 것도 고려할 수 있습니다.

이러한 과정을 통해 컷 편집하는 감각과 실력을 키운다면 더 나은 자막 프로그램, 더 나은 효과 프로그램이 나왔을 때 지금의 편집 속도를 더욱 빠르게 올릴 수 있는 강력한 디딤돌이 될 것입니다.

LESSON 03
휴대폰 하나로도 영상 편집할 수 있는 시대

영상 편집, 이제는 어렵지 않다

　제 편집 팀원 중 한 명은 간단한 영상을 스마트폰 앱으로도 편집하는데, 그 실력이 정말 놀랍습니다. 저는 아직 PC로 편집하는 것이 익숙하지만, 짧은 영상이라면 손가락 하나로 편집하는 게 더 쉽다는 사람도 많습니다.

　어느 날은 제 딸도 스마트폰으로 편집하더군요. 아이가 중학생 때 유튜브 채널을 만들어 구독자 수천 명을 모았는데, 당시 스마트폰으로 뚝딱뚝딱 편집하는 모습을 보고 깜짝 놀랐습니다. 이때 세상이 또 한 번 바뀌었다는 생각이 들었습니다. 작업 과정도 직관적이고 효율적이었습니다. 스마트폰에서 컷 편집과 자막뿐만 아니라 효과 적용까지 가능한 건 물론이었습니다.

　당시 딸이 사용한 앱은 **블로(VLLO)**였습니다. 이 앱은 구글 플레이스토어에서 무료로 다운로드할 수 있습니다. 다만, 영상을 완성하여 내보낼 때 광고를 한 번 시청해야 합니다. 아마도 이것이 이 앱의 수익원인 것 같습니다.

애니메이션 유튜브 채널을 운영하면서 만난 다른 팀원도 스마트폰으로 모든 편집을 하더군요. 그 팀원이 사용한 앱은 **캡컷(CapCut)**이었습니다. 이 앱도 구글 플레이스토어에서 무료로 다운로드할 수 있는데, 일부 기능은 유료로 사용해야 합니다.

이제는 편집도 누워서 할 수 있는 시대가 온 것입니다. 처음 편집을 시작하는 분들이라면 스마트폰 앱을 사용해보는 건 어떨까요?

캡컷 활용하기

요즘 캡컷의 인기가 뜨겁습니다. 캡컷은 틱톡(TikTok) 운영사인 바이트댄스에서 개발한 무료 영상 편집 앱으로 틱톡 뿐만 아니라 유튜브 쇼츠 크리에이터들에게도 인기가 많습니다.

캡컷은 스마트폰과 PC에서 모두 사용할 수 있으며, 초보자도 쉽게 영상 편집을 할 수 있도록 직관적인 UI와 다양한 기능을 제공합니다. 일부 고급 기능은 [PRO]라고 표시되는데, 이러한 기능은 유료 구독을 통해 사용할 수 있습니다.

그럼에도 불구하고 월 19,800원(최초 구독은 11,900원)으로 대부분의 기능을 사용할 수 있는 합리적인 구독료, 쉬운 컷 편집, 자막 삽입 기능, 효과음 및 다양한 템플릿 기능을 통해 누구나 영상 편집을 쉽게 접할 수 있다는 장점 덕분에 큰 인기를 끌고 있습니다.

캡컷 다운로드

캡컷은 안드로이드 구글 플레이스토어, iOS 앱 스토어에서 '캡컷' 혹은 'CapCut'으로 검색해 다운로드할 수 있으며, PC(Window나 Mac)의 경우 캡컷 공식 홈페이지에 접속해 파일을 다운로드하고 설치할 수 있습니다.

- **캡컷** : www.capcut.com

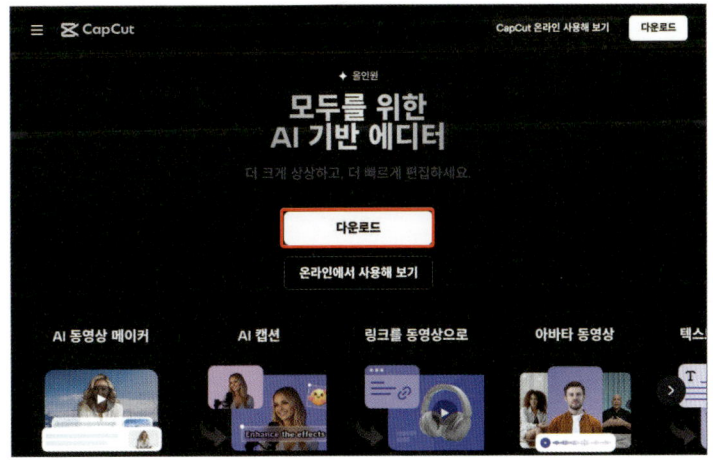

캡컷 공식 홈페이지에서 [다운로드]를 클릭

취미로 채널을 운영해 스마트폰 위주로 촬영하거나, 만드는 영상이 쇼츠라면 스마트폰으로도 충분히 편집할 수 있습니다. 다만, 본격적인 유튜브 영상 제작 혹은 PC 녹화, 녹음 등으로 영상을 만든다면 PC(Window나 Mac) 버전을 설치하는 것이 좋습니다.

캡컷 기본 작업 화면 살펴보기

01 캡컷을 설치하고 최초 실행하면 다음과 같은 화면이 나타납니다. 여기서
❶[프로젝트 만들기]를 클릭하면 새 프로젝트에서 시작합니다.

❷[템플릿] : 이미 디자인된 예시 파일에서 작업을 시작합니다. 무료 버전에서는 '샘플 동영상' 워터마크가 표시됩니다.

❸[프로젝트] : 기존에 작업한 프로젝트 목록이 나타납니다. 캡컷 종료 후에 기존 작업으로 바로 돌아갈 수 있습니다.

> **TIP** 캡컷을 원활하게 사용하기 위해서는 회원 가입이 필수입니다. 페이스북, 구글, 틱톡 계정으로 간단히 회원 가입이 가능합니다. PC 기준 기본 기능은 자유롭게 활용할 수 있으므로 유료 구독 시 가입해도 상관없습니다.

02 기본 작업 화면이 나타납니다. ❶은 각종 기능과 효과가 모여있는 작업 영역, ❷는 [플레이어]로 영상 미리 보기 영역, ❸은 [세부 정보]로 각종 효과의 수치 조정 등을 진행하는 영역입니다. ❹는 [타임라인]으로 여기에 영상을 배치하고 기본적인 컷 편집 등을 진행할 수 있습니다.

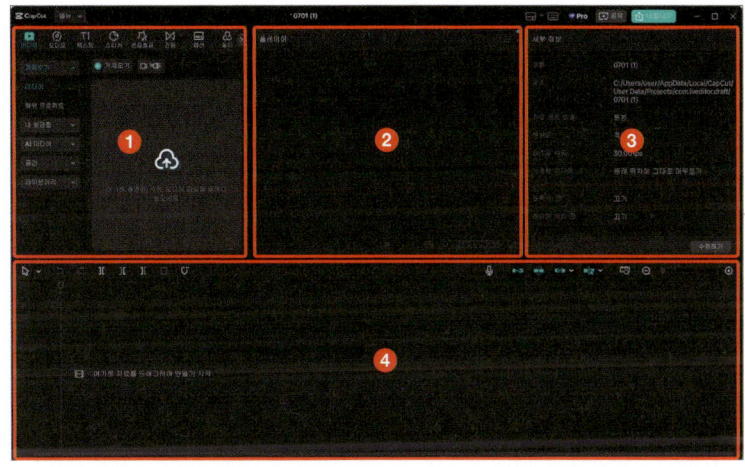

캡컷 기본 작업 과정 알아보기

캡컷을 포함해 영상 편집 프로그램으로 편집할 때는 딱 다섯 가지 기능만 우선 배우면 됩니다. 바로 영상 불러오기, 배치하기, 컷 편집하기(자르기), 자막과 효과 넣기, 내보내기(영상 출력)입니다.

이 책에서는 캡컷의 기본적인 기능 위주로만 알아보겠습니다. 실습은 여러분이 촬영한 영상 어떤 것을 사용해도 상관없습니다.

> TIP 여기서 말하는 어떤 영상은 '사람의 목소리가 들어가서 자막 생성이 가능하고 컷 편집할 부분이 있는 영상'을 의미합니다. 샘플 영상이 없다면, 간단하게 책이나 좋은 글을 읽는 영상을 직접 촬영해 PC에 옮기고 작업해보세요!

01 새 프로젝트 화면에서 시작합니다. [타임라인] 영역에 원하는 위치로 PC 의 동영상 파일을 드래그합니다. 영상이 배치됩니다.

02 하얀색 핸들 ❶을 드래그해 영상의 불필요한 부분을 확인합니다. ❶ [분할] 모드를 선택하고 ❷ 클립 위에서 불필요한 구간의 앞뒤를 각각 클릭합니다.

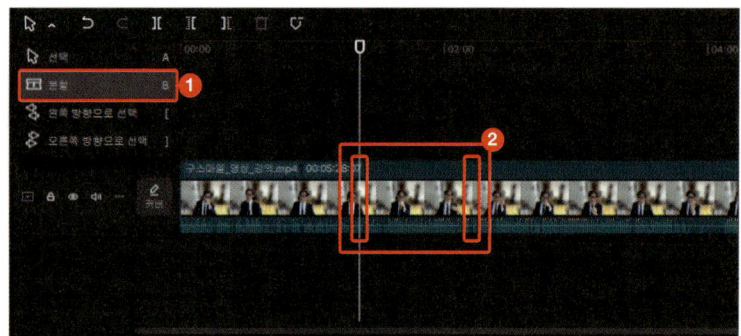

TIP [분할] 모드 단축키는 [B]입니다.

03 ❶[선택] 모드를 선택하고 ❷영상 클립에서 불필요한 부분을 클릭합니다. ❸[삭제]를 클릭합니다.

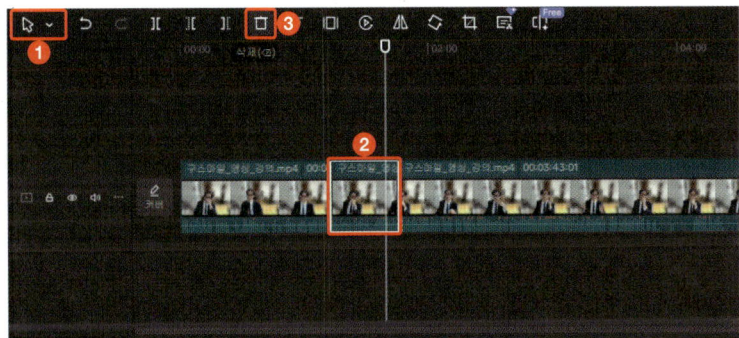

TIP [선택] 모드 단축키는 A, [삭제] 기능의 단축키는 Delete 혹은 Backspace 입니다.

04 이 과정을 반복해 컷 편집을 완료합니다.

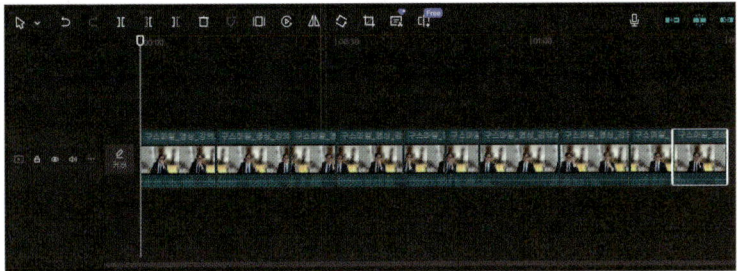

TIP 영상을 편집할 때 [타임라인]을 확대, 축소하면 더욱 세밀한 영상 편집이 가능합니다. 확대, 축소는 [타임라인] 오른쪽 상단의 ◎━◉ 을 조절하면 됩니다.

05 배경음악과 효과음은 영상을 배치할 때와 마찬가지로 PC에 다운로드한 오디오 파일을 드래그해 배치하면 됩니다. 캡컷에서 무료로 제공되는 일부 음원을 사용하는 방법도 있습니다. ❶ [오디오]를 클릭하고 ❷ 무료 음원을 드래그해 [타임라인]에 배치합니다.

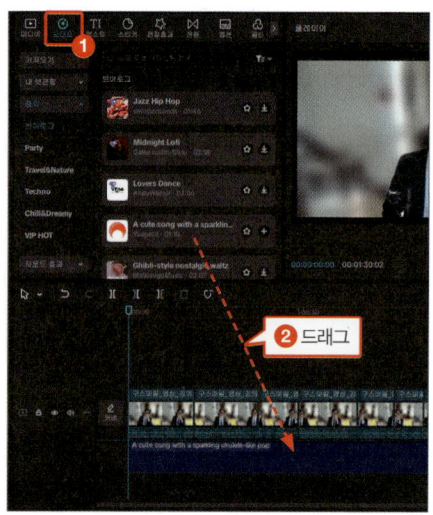

TIP 각각의 음원을 클릭하면 미리 듣기가 가능합니다. 무료 사용자는 보라색 다이아몬드 표시가 없는 무료 음원만 사용할 수 있습니다.

06 ❶ Spacebar 를 눌러 배치한 음성과 배경음악을 미리 확인합니다. 대부분 음성과 배경음악의 볼륨이 동일하면 음성이 잘 들리지 않습니다. ❷ 배경음악 클립을 선택합니다.

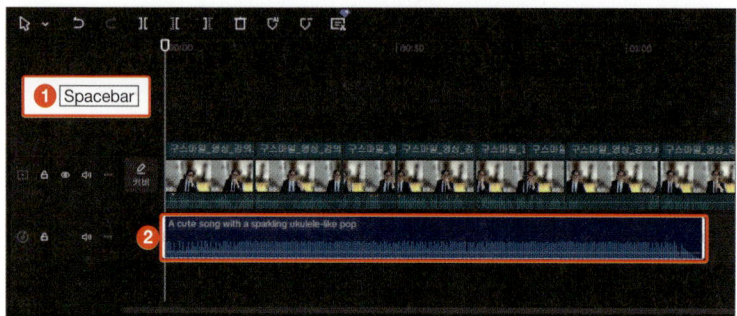

07 [기본] 탭에서 [볼륨]을 조절해 음성이 잘 들릴 정도로 조정합니다.

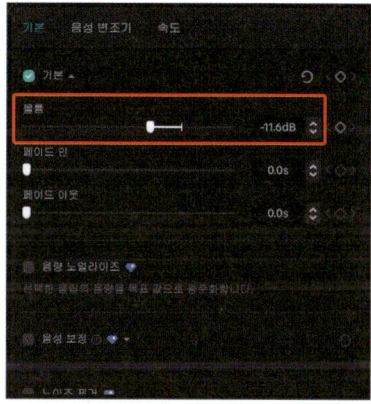

08 자막을 삽입해보겠습니다. ❶[텍스트]를 클릭합니다. ❷[텍스트 추가]-[기본 텍스트]의 ◉를 클릭하면 [타임라인] 위치에 자막이 추가됩니다. ❸[타임라인]에서 자막 클립을 선택합니다.

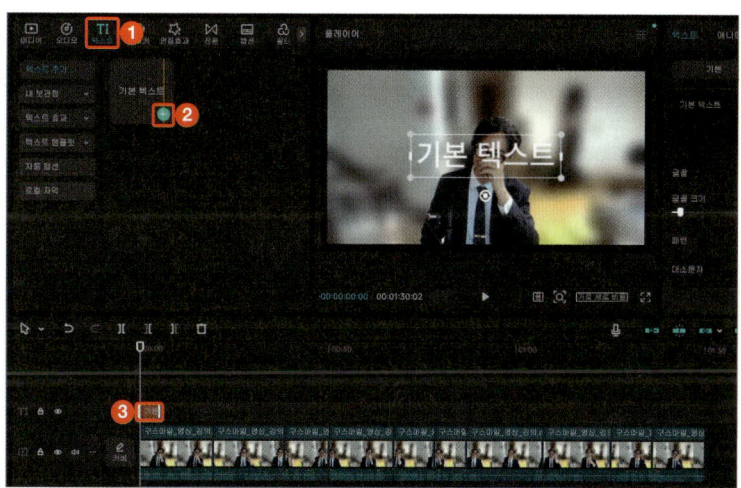

09 ❶ [텍스트] 영역에서 내용을 입력한 후 ❷ [글꼴 크기]를 적절하게 조절합니다. ❸ [플레이어] 영역에서 자막 위치를 드래그해 배치합니다.

10 아래로 내리면 [사전 설정 스타일]이 있습니다. 원하는 스타일의 자막 디자인을 클릭하면 자막에 디자인이 적용됩니다.

11 자막 클립의 좌우 끝을 드래그해 길이를 조절할 수 있고 단축키 Ctrl +C, Ctrl +V를 눌러 동일한 스타일의 자막을 여러 개 만들 수 있습니다. 각각의 자막은 필요한 만큼 복제하고 내용에 따라 수정합니다.

📖 구스마일의 돈 버는 유튜브 실천 노트

캡컷에서 조금 더 빠르게 컷 편집하기

[타임라인] 위에서 마우스 포인터를 움직일 때 나타나는 황색 실선 위치에서 단축키 Ctrl +B를 누르면 해당 위치가 바로 분할되고, 불필요한 클립을 선택한 후 단축키 Delete (혹은 Backspace)를 누르면 바로 삭제할 수 있어 편리합니다.

하지만 Ctrl +B와 Delete 의 간격이 너무 멀어 키보드에서 손이 오락가락하는 것도 상당히 스트레스겠죠? 이때 단축키 설정을 해두면 훨씬 빠르게 작업할 수 있습니다.

단축키는 캡컷 오른쪽 상단에 위치한 [숏컷]을 클릭한 후 변경할 수 있습니다. 예를 들어, B는 분할 모드에 적용되어 있고, 바로 자르는 [분할] 기능은 Ctrl +B에 적용되어 있습니다. 이 둘을 바꿔 적용하면 B를 누르는 것만으로도 바로 컷을 나눌 수 있는 것이죠.

여기에 [삭제] 기능은 D로 설정하면 B와 D, 그리고 마우스만 사용해 빠르게 컷 편집이 가능합니다. 또한 왼쪽 삭세, 오른쪽 삭제에 해당하는 Q, W에 각각 확대, 축소를 지정하면 [타임라인]을 자유자재로 확대, 축소까지 할 수 있으니 훨씬 편합니다. 이런 단축키 설정은 여러분의 작업 방식에 맞게 조정할 수 있습니다. 참고로 [삭제] 기능은 [타임라인]이 아닌 [기본] 탭에 있습니다.

캡컷에서 영상 내보내기

01 영상 편집이 완료되면 오른쪽 상단의 [내보내기]를 클릭합니다.

02 [내보내기] 대화상자가 나타납니다. ❶ [이름]에 원하는 파일 이름을 입력합니다. ❷ 참고로 영상의 [해상도]는 1080p, [프레임 속도]는 30fps가 선택되면 충분합니다. ❸ 왼쪽 하단의 최종 결과물의 길이와 크기를 확인한 후 ❹ [내보내기]를 클릭합니다.

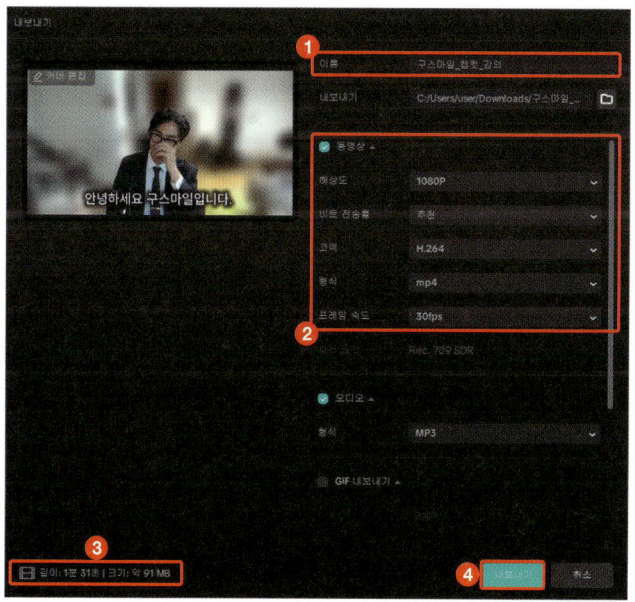

1080p는 1920×1080 해상도를 의미하며, 유튜브에서 널리 쓰이는 해상도입니다. 고해상도 영상인 2k, 4k가 있지만 이런 해상도는 나중에 고품질 영상을 만들 때 필요한 해상도입니다.

프레임 속도도 마찬가지로 일반적인 영상은 30fps면 충분합니다. 게임 영상의 경우 60fps를 사용하기도 합니다. 참고로 코덱은 H.264를 기본적으로 사용합니다.

03 내보내기 작업이 진행되면 공유 화면이 나타납니다. 여기서 틱톡과 유튜브 계정으로 바로 업로드할 수 있지만 추천하는 기능은 아닙니다. 왼쪽 하단의 [폴더 열기]를 클릭해 완성된 결과물을 확인합니다.

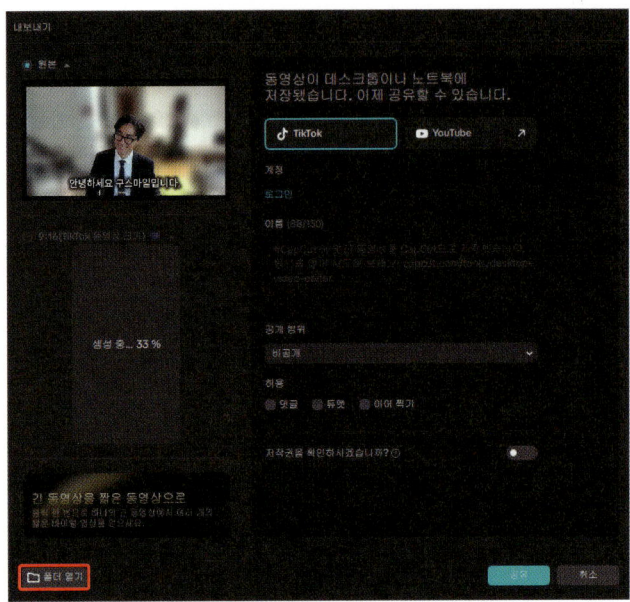

캡컷 자동 자막 기능

캡컷의 자동 자막 기능은 현재 영상에 삽입된 오디오와 비디오 클립에서 자동으로 음성을 인식해 자막으로 만드는 기능입니다. 사용법이 쉽고 자막 생성 품질도 괜찮아 추천하는 기능입니다. 앞서 자막 삽입 방법에 대해 알아보았고, 간단히 음성을 받아쓰는 목적이라면 이 방법으로도 충분합니다.

01 ❶[텍스트]를 선택하고 ❷[자동 캡션]을 선택합니다. 참고로 자동 자막 기능은 무료 사용자도 월 2회까지 사용이 가능합니다. ❸[생성]을 클릭합니다.

TIP 소스 언어는 기본적으로 [한국어]가 선택되어 있지만, 아니라면 변경합니다.

02 ❶자동으로 자막을 분석한 후 [타임라인]에 자막이 삽입됩니다. ❷처음 삽입 후에는 기본적으로 전체 자막이 선택된 상태입니다.

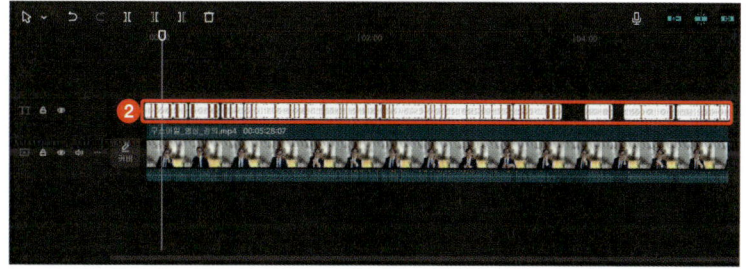

03 기본 자막과 동일하게 자동 자막도 [텍스트] 영역에서 [글꼴 크기], [사전 설정 스타일] 등을 선택해 원하는 스타일로 편집할 수 있습니다.

캡컷 자동 편집 기능(PRO 기능)

캡컷에는 자동 컷 편집 기능도 있습니다. 바로 [대본] 기능인데요. 영상의 일시 중지(빈 음성), 반복되는 단어, 채우기용 단어(어-, 음- 하는 소리) 등 다양한 상황을 AI가 분석하여 불필요하다고 판단되는 부분을 자동으로 삭제하는 기능입니다. 이 기능은 지루한 컷 편집 작업의 수고를 상당 부분 덜 수 있어 굉장히 유용하며, 영상 편집 초보자의 첫 편집 프로그램으로 추천하는 이유이기도 합니다.

01 [타임라인]에 ❶ 삽입된 영상 클립을 선택하고 ❷ [대본]을 클릭합니다. 영상 분석이 시작됩니다.

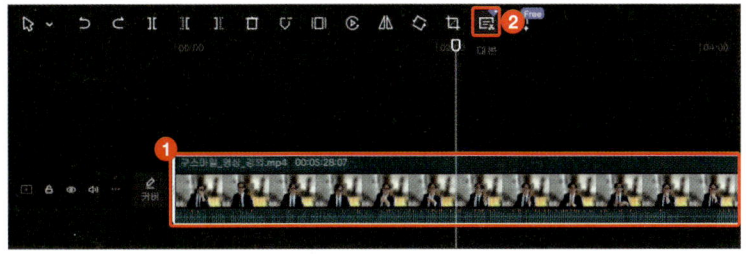

02 다음과 같은 화면이 나타납니다. AI가 불필요한 구간을 모두 선택한 상태입니다. 오른쪽 하단의 [삭제]를 클릭하면 불필요한 구간이 한번에 삭제됩니다.

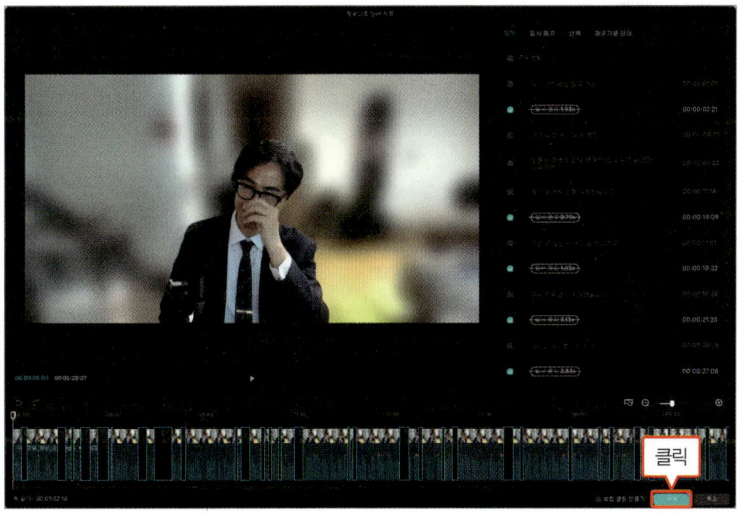

이렇게 간단한 기능이지만, AI가 판단하는 기준의 일시 중지, 반복되는 단어, 채우기용 단어라도 영상에 필요한 요소일 수 있으니 [삭제]를 클릭하기 전 최종 확인은 반드시 사람이 해야 합니다.

컷 편집에 AI가 판단하는 불필요한 구간 외에도 재미를 떨어트리는 장면, 중언부언하는 장면 등 사람이 판단하기에 불필요한 구간도 있기 마련입니다. 따라서 불필요한 부분에 대한 기본적인 편집을 먼저 진행하고 [대본] 기능을 사용해야 합니다.

다만, 일부 컷 편집이 진행된 상태에서 여러 클립을 동시에 선택하면 [대본] 기능이 활성화되지 않습니다. 이때 문제를 해결하는 방법에 대해서 알아보겠습니다.

01 기본 컷 편집이 진행된 영상 클립을 모두 선택하고 마우스 오른쪽 버튼을 클릭합니다.

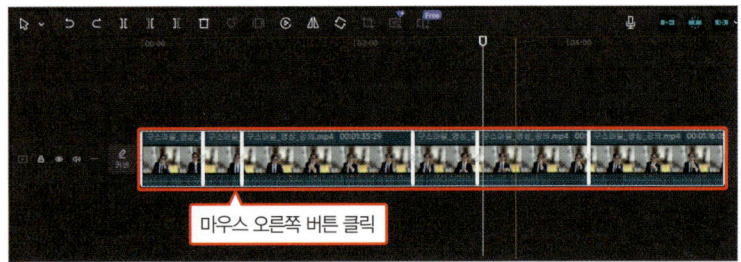

02 [복합 클립(하위 프로젝트) 만들기]를 클릭합니다. 단축키는 Alt + G 입니다.

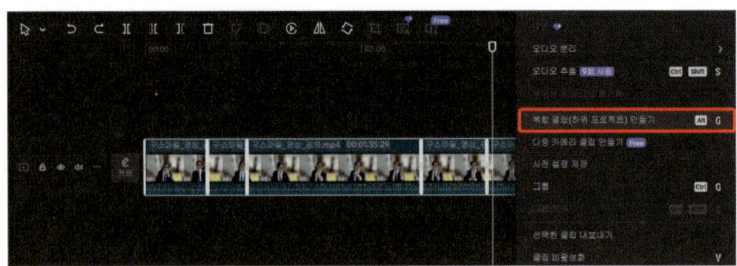

03 여러 개의 클립이 하나로 합쳐집니다. 해당 클립을 클릭하면 [대본] 기능이 활성화됩니다.

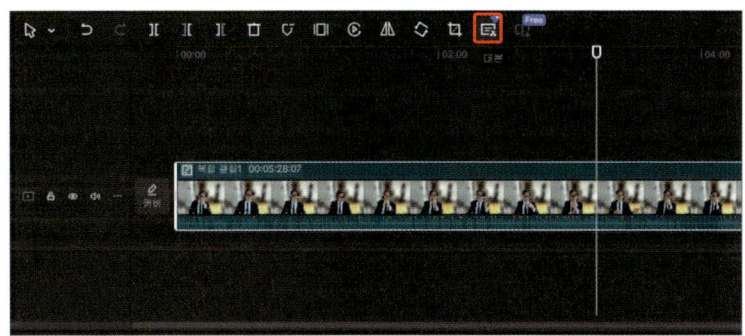

캡컷 사용 시 참고할 사항

캡컷 사용은 기본적으로 무료입니다. 하지만 일부 기능은 유료 구독을 해야 사용이 가능합니다. 2024년까지는 워터마크 없는 내보내기가 무제한으로 가능했지만, 지금은 PC 사용자 기준으로 내보내기에도 횟수 제한이 있습니다.

편리하고 다양한 기능을 월 19,800원의 합리적인 가격으로 사용할 수 있으나, 유료라는 점이 부담될 수 있습니다. 최초 구독에 한해 월 11,900원에 사용할 수 있고 일주일은 무료로 사용할 수 있으므로, 기본적인 기능을 무료 버전에서 사용해보고 필요하다면 유료 구독 체험 기간(7일) 동안 다양한 기능을 최대한 사용해보길 바랍니다.

📔 구스마일의 돈 버는 유튜브 실천 노트

PC 화면 녹화에 최적화된 OBS Studio

유튜브 강의를 진행하면 영상 촬영은 스마트폰으로 쉽게 할 수 있지만, PC 화면 녹화(웹캠)는 어떻게 하는지 물어보는 분들이 많습니다. 특히, 영상 콘텐츠로 강의를 제작하는 분들이 가장 많이 질문하는데요! 이때 저는 OBS Studio를 강력 추천합니다.

OBS Studio는 무료로 사용할 수 있는 라이브 및 녹화 프로그램으로, 유튜브를 비롯한 다양한 플랫폼에서 라이브 스트리밍을 할 수 있고 고화질 화면 녹화도 가능합니다. 또한 PC 화면과 다양한 소스(이미지, 웹캠 화면)를 자유롭게 배치하고 이를 장면으로 관리할 수 있어 게임 혹은 영상 녹화에 탁월합니다.

사용 방법은 유튜브에서도 쉽게 검색할 수 있으니, 관심이 있다면 바로 실험해보는 것도 좋습니다. 무엇보다 무료이니 부담 없이 도전해보세요!

LESSON 04
일일이 받아쓰지 말고
AI 프로그램을 활용하자

자막 작업에 최적화된 브루

LESSON 02에서 이야기했던 브루(Vrew) 프로그램에 대해 조금 더 자세히 알아보겠습니다. 저는 새로운 걸 배우는 데 큰 흥미가 없는, 게으른 아저씨라는 걸 잘 아실 겁니다. 영상 편집 프로그램도 처음 배운 베가스 프로(VEGAS Pro)를 아직도 꾸준히 쓰고, 어도비 프리미어 프로(Adobe Premiere Pro)가 좋다는 이야기를 들었지만 손에 익은 베가스 프로를 포기하는 게 어려울 정도니까요.

그런데 브루는 달랐습니다. 시간을 들여 배울 필요 없이, 설치 과정에서 나오는 튜토리얼만 보고도 바로 사용할 수 있었습니다. 그만큼 사용법도 쉬웠고, 활용 방법도 무궁무진했습니다. 브루에는 다양한 기능이 있지만, 이번에는 브루의 가장 강력한 기능인 자막 기능 위주로 알아보겠습니다.

우선 브루 공식 홈페이지에서 설치 파일을 다운로드하고 회원 가입합니다. 기본적인 자막 작업은 한정된 시간 내에 무료로 사용할 수 있습니다.

- 브루 : www.vrew.ai

AI로 자막 받아쓰기

예전에는 자막을 오디오로 일일이 듣고 하나하나 손으로 받아 적었습니다. 그래서 컷 편집만큼 자막을 만드는 것도 꽤 지루하고, 시간이 오래 걸리는 작업이었죠.

하지만 브루 덕분에 자막 제작 시간이 획기적으로 줄었습니다. AI가 자동으로 자막을 생성해주고, 필요에 따라 자막을 바로 디자인해 영상에 적용할 수도 있어 작업을 보다 수월하게 하도록 만들어줍니다.

2025년 8월 기준 고급 편집 프로그램인 어도비 프리미어 프로의 자동 한글 자막 기능은 안정적이지 않고, 다빈치 리졸브(DaVinci Resolve), 파이널 컷 프로(Final Cut Pro), 베가스 프로에는 자동 자막 기능이 없기 때문에 이러한 프로그램을 활용하는 것은 필수입니다.

01 브루를 설치하고 최초 실행하면 다음과 같은 화면이 나타납니다. ❶ [내 브루]를 클릭해 로그인합니다. ❷ [새로 만들기]를 클릭합니다.

02 [새로 만들기] 대화상자가 나타나면 [PC에서 비디오·오디오 불러오기]를 클릭합니다.

03 영상 혹은 파일을 선택하면 [영상 불러오기] 대화상자가 나타납니다. ❶ [음성 분석]이 활성화되어 있고 [언어]는 [한국어], [엔진]은 [Whisper]로 설정된 것을 확인합니다. ❷ [확인]을 클릭합니다. ❸ 분석이 시작됩니다.

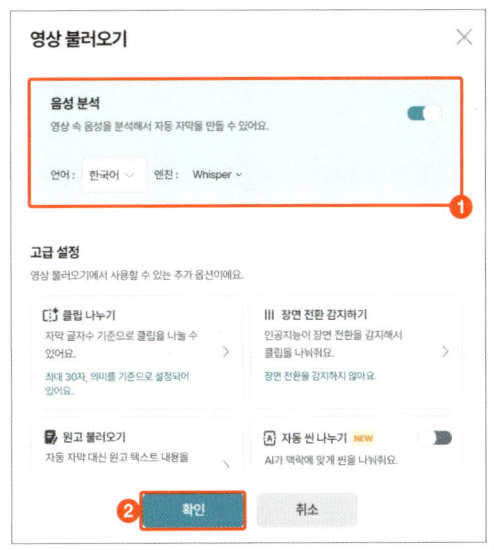

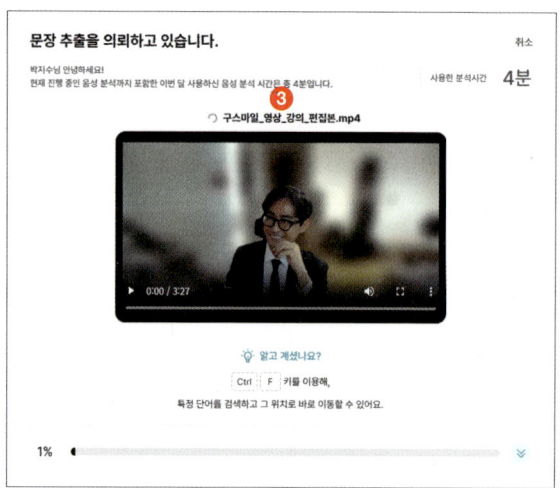

04 분석이 완료되면 자막 편집 상태가 됩니다.

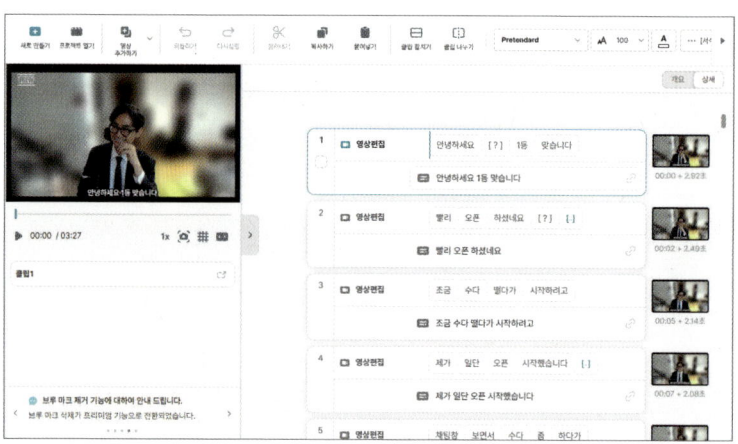

브루에서 자막 편집하기

01 자막을 편집하는 방법도 알아보겠습니다. 키보드 방향키를 이용해 가볍게 이동할 수 있습니다. ❶ 자막 상단의 단어 사이에 커서를 위치한 상태에서 ❷ Enter 를 누르면 자막을 분리할 수 있습니다.

02 분리된 자막은 ❶ Ctrl 을 누른 상태에서 같이 선택하고 ❷ Ctrl + M 을 누르면 합쳐집니다. 이렇게 기본적인 자막 편집은 상단에서, 자막 내용 수정은 하단에서 할 수 있습니다.

> **TIP** 참고로 자막 작업을 효율적으로 하기 위해서는 원본 영상의 컷 편집이 완료된 상태에서 진행하는 것이 좋습니다. 불필요한 구간, 흥미를 떨어트릴 수 있는 장면, 사운드가 비는 부분 모두 편집하고 자막을 생성해야 불필요한 후반 작업을 하지 않게 됩니다.

자막 파일로 자막 내보내기&자막 번역하기

편집이 끝난 자막 파일은 별도의 자막 파일(srt)로 내보내야 합니다. 이렇게 내보낸 자막 파일은 프리미어 프로, 다빈치 리졸브, 파이널 컷 프로 등으로 불러와 자막 작업에 사용할 수 있습니다. 브루 내에서 자막 디자인까지 끝낸 후 완성된 영상 파일(mp4)로도 내보낼 수 있지만, 무료 사용자라면 영상에 워터마크가 표시되니 참고합니다.

01 오른쪽 상단의 ❶[내보내기]를 클릭하고 ❷[자막 파일(srt)]을 선택합니다. [자막파일] 대화상자가 나타나면 ❸[내보내기]를 클릭해 저장할 위치를 선택합니다. 참고로 ❹[자동 번역 자막]에서 번역할 언어를 추가로 선택할 수 있습니다.

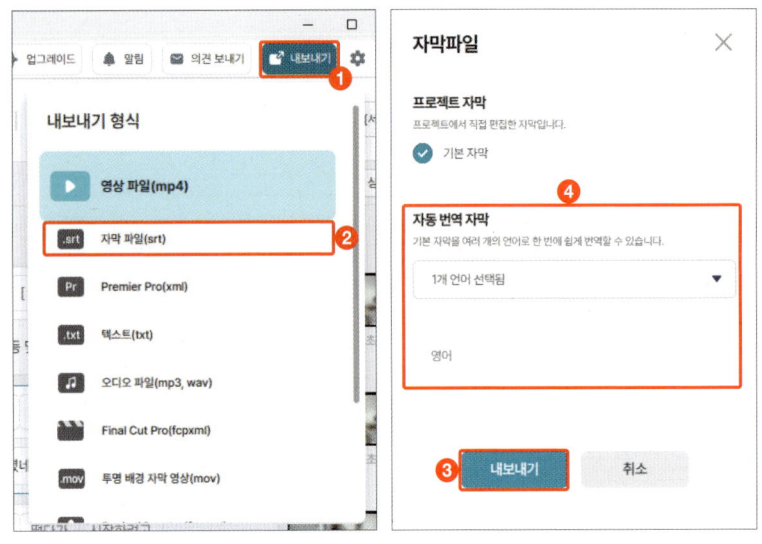

02 작업이 완료된 후 저장한 폴더로 들어가보면 한국어, 추가로 선택한 언어 번역 자막 파일이 생성되어 있습니다.

 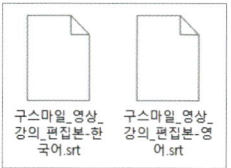

　　번역 자막 파일을 내보낼 때 AI 기술을 활용하므로, 고유명사나 전문용어가 많지 않다면 번역 품질이 꽤 좋습니다. 필요하다면 자막 파일을 검수해 사용해도 좋습니다. 유튜브 영상을 업로드할 때 번역된 자막을 같이 첨부하면 글로벌한 채널 운영 전략에 큰 도움이 될 것입니다.

📂 구스마일의 돈 버는 유튜브 실천 노트

AI 더빙과 다양한 추가 기능

브루는 자막 작업에 최적화된 프로그램이지만 AI를 활용한 다양한 기능은 물론, 기본적인 영상 편집 기능도 뛰어납니다. 특히 AI 성우 기능은 입력한 자막을 AI가 읽어주는 기능으로 퀄리티가 정말 놀랍습니다.

메뉴에서 [캐릭터]를 클릭하면 자막에 따라 입모양이 움직이는 캐릭터를 고를 수 있고, 최근에는 나만의 캐릭터를 만드는 기능도 추가되었습니다.

추가로 텍스트로 비디오 만들기, AI 더빙으로 영상 만들기, 이미지를 비디

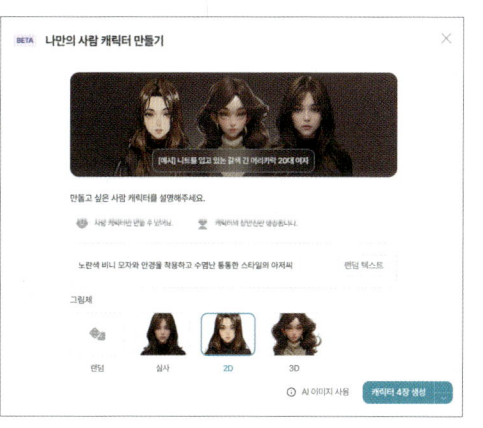

PART 04 AI와 도전하는 간편한 유튜브 영상 제작&편집

오로 또는 슬라이드를 비디오로 만드는 기능도 있습니다. 유료 구독자라면 AI 이미지 생성과 템플릿을 활용해 쇼츠를 만드는 기능도 사용해볼만 합니다. 유료 구독을 고려한다면 이런 강력한 기능을 꼭 사용해보길 바랍니다. 여러분의 영상 제작, 편집에 번뜩이는 아이디어가 되어줄 것입니다.

LESSON 05
AI 더빙으로 목소리, 얼굴 노출 없이 유튜브 시작하기

유튜브 얼굴 노출! 필수 아닌 선택

유튜브 채널 운영과 관련해 강의를 하니 시작하기 전부터 드는 이런저런 걱정에 대해 듣게 됩니다. 그중에서도 얼굴을 드러내는 게 부담되고, 내 존재를 널리 알리고 싶지 않다는 점은 은근히 큰 비중을 차지하고요. 단순히 개인 신상을 공개하는 게 부담될 수도 있고, 외모에 자신이 없어서, 회사에 알리고 싶지 않아서 등 이유는 다양합니다.

유튜브 영상에서 얼굴을 노출하는 것이 필수는 아닙니다. 오히려 게임 채널, 리뷰 채널과 같이 주제나 아이템이 내 캐릭터보다 메인이 되는 경우에는 얼굴을 노출하지 않는 쪽이 훨씬 많습니다. 실제로 10만, 100만 구독자가 넘는 대형 채널 중에는 얼굴을 드러내지 않거나 가린 상태로 운영해도 인기를 얻는 경우를 많이 만날 수 있습니다.

얼굴을 전혀 드러내지 않고 영상을 만드는 방법은 의외로 간단합니다. 촬영할 때 얼굴을 드러내지 않고 촬영하거나, 영상을 편집하면서 목소리 녹음, 즉 내레이션을 더하는 방식입니다.

촬영 전 어떤 내용으로 촬영할지 간단히 내레이션 등을 계획하고, 촬영할 때 내레이션이 들어갈 장면을 고려해 촬영하는 것 외에는 크게 특별한 부분도 없습니다.

하지만 내레이션을 하자니 목소리마저 노출되는 게 부담되고, 목소리가 별로라 생각해서 망설이는 경우도 있을 것입니다. 이때 AI 더빙 기능을 활용하면 이런 고민을 해결할 수 있습니다.

> **구스마일의 돈 버는 유튜브 실천 노트**
>
> ### 유튜브 AI 더빙 콘텐츠 수익화 정책 변화
>
> 많은 유튜버들이 2025년 7월 15일 업데이트된 수익화 정책과 관련된 AI 더빙 콘텐츠가 금지된다는 소문 때문에 불안해하고 있습니다. 하지만 결론부터 말하면 이는 사실이 아닙니다. 유튜브의 정책 변화를 정확히 이해하고 올바르게 대응하는 방법을 알아볼까요?
>
> 유튜브는 AI를 이용한 콘텐츠 수익 창출 제한을 예고하며 유튜브 파트너 프로그램 정책을 대폭 강화했습니다. 하지만 AI와 AI 더빙(TTS)의 사용 여부가 핵심이 아니며 진짜 핵심은 '독창성'과 '진정성'입니다. 제재 대상은 '비진정성 콘텐츠'이며 유튜브에서 제한하는 영상은 다음과 같습니다.
>
> ❶ TTS나 음성 합성 엔진, AI 음성 등으로 만들어진 반복적이고 내용이 없는 영상
> ❷ 자동화 기술을 통해 개별적인 내러티브가 없는 이미지 나열형 영상
> ❸ 기존 콘텐츠에 최소한의 편집과 노력으로 대량 생산된 영상
> ❹ 기존 다른 콘텐츠의 스크립트를 AI로 목소리만 바꿔 재사용한 영상
>
> 단순히 AI를 사용했다는 이유만으로 수익화가 막히지 않습니다. 콘텐츠의 독창성과 사람의 기여도가 중요한 판단 기준이며, 대량 생산되고 반복적인 콘텐츠가 주요 제재 대상입니다. AI와 TTS를 사용하되 독창적인 스크립트와 구성을 갖춘 영상, 개인적인 견해와 분석이 포함된 내용, 시청자와의 소통이 있는 콘텐츠라면 크게 걱정할 일은 아닙니다.

2024년 3월부터 유튜브는 AI를 활용해 제작된 콘텐츠에 '생성, 합성 여부'를 표시하는 라벨링 정책을 시행하고 있습니다. 특히나 민감한 주제를 다루는 영상의 경우 AI 사용 여부를 투명하게 공개하는 것이 중요합니다. AI 기술은 이미 유튜브 생태계로 깊이 들어왔습니다. 이를 통해 저품질 콘텐츠가 생산되는 것을 유튜브가 경계하고 금지하는 것입니다. 즉, 기술 자체가 금지되는 것이 아니라 어떻게 활용하느냐가 중요합니다.

유튜버라면 AI를 보조 프로그램으로 활용하되 콘텐츠의 핵심 가치는 인간의 창의성과 독창성에서 찾아야 합니다. 투명성을 바탕으로 한 정직한 콘텐츠 제작이 장기적인 성공의 열쇠가 될 것입니다.

AI 더빙으로 유튜브 만들기

AI 더빙은 목소리, 실력, 장비에 제한 없이 누구나 콘텐츠를 쉽게 제작할 수 있어 큰 인기를 끌고 있습니다. 특히, 부업으로 유튜브를 시작하면서 비용을 최소화하고 효율을 극대화하고자 하는 분들에게 딱 맞는 선택이죠.

목소리마저 드러내지 않고 유튜브를 시작하고 싶다면
AI 더빙을 사용하는 것도 괜찮은 선택입니다. (이미지 생성 AI로 제작)

AI 더빙 기술은 최근 몇 년간 눈부시게 발전했습니다. 처음 AI 더빙이 등장했을 때만 해도 부자연스럽고 어색한 부분이 많았지만, 이제는 사람의 목소리와 구분하기 어려울 정도로 자연스러워졌습니다.

드라마 리뷰 채널을 운영하는 지인의 경우 대본을 작성하고 AI로 더빙해 매일 영상을 업로드했습니다. 댓글을 보면, '목소리가 예뻐서 구독한다'거나 '발음도 좋고 목소리도 호감이 간다'는 반응을 보이는 경우도 보았습니다. AI 목소리임을 눈치채지 못하는 분들이 많았다는 것이죠.

지금은 AI 더빙이 널리 쓰이니 시청자들도 금방 알아채긴 합니다. 유튜버들이 적극적으로 활용하면서 시청자들도 자연스럽게 받아들입니다. 따라서 AI 더빙을 사용할까 말까 고민하는 것보다 더 독특하게, 남들보다 재치 있게 사용하는 방법을 고민하는 편이 훨씬 낫습니다.

> **TIP** 실제 성우와 AI 더빙은 감정 표현에 차이가 있습니다. 성우에게는 '해당 대사에서 뭉클한 느낌을 표현해주세요'와 같은 구체적 요구가 가능합니다. 이 부분에서 사람과 AI 차이는 여전히 존재합니다. 보편적인 내레이션이라면 AI가, 특별한 감정을 담아 내레이션을 제작해야 한다면 성우를 고용하는 것이 더 나을 겁니다. 여러분의 콘텐츠, 채널 성격에 따라 유연하게 선택하면 좋습니다.

AI 더빙, 이렇게 해보자

먼저 AI로 더빙하기 위한 대본을 준비해야 합니다. AI 더빙은 사람이 적은 텍스트 내용을 소리로 출력하기 때문에 즉흥적인 내레이션이 가능한 사람과는 다소 차이가 있죠.

AI도 사람과 비슷해 우리가 평범하게 사용하는 문장, 용어를 사용해야 더 자연스러운 연기가 가능합니다. 따라서 **대본을 입력해 AI 더빙을 시작하기 전**

일상적인 대화, 구어체로 대본을 다듬는 작업은 필수입니다.

대본을 작성했다면 예산이나 사용 목적에 따라 AI 더빙 프로그램을 선택하면 됩니다. 시중에 널리 사용되는 AI 더빙 프로그램 모두 사용이 간편하고 초보자도 쉽게 익힐 수 있습니다. 각각의 프로그램은 제한적이긴 하지만 일부 무료 사용 및 체험이 가능합니다. 대본을 활용해 AI 음성을 직접 생성, 테스트하고 결정하는 것이 좋습니다.

TIP AI 더빙 프로그램은 대부분 월 구독 또는 연 단위 구독 등 구독형 서비스를 제공합니다. 무료 서비스를 제공하기도 하는데, 음성 길이나 사용 횟수에 제한이 있을 수 있습니다.

타입캐스트(typecast)

타입캐스트는 한국에서 상업적으로 가장 먼저 성공한 AI 더빙 서비스로 뛰어난 품질을 자랑합니다. 많은 유튜버들이 타입캐스트를 활용해 자연스럽고 생동감 있는 영상을 편하게 제작하고 있습니다.

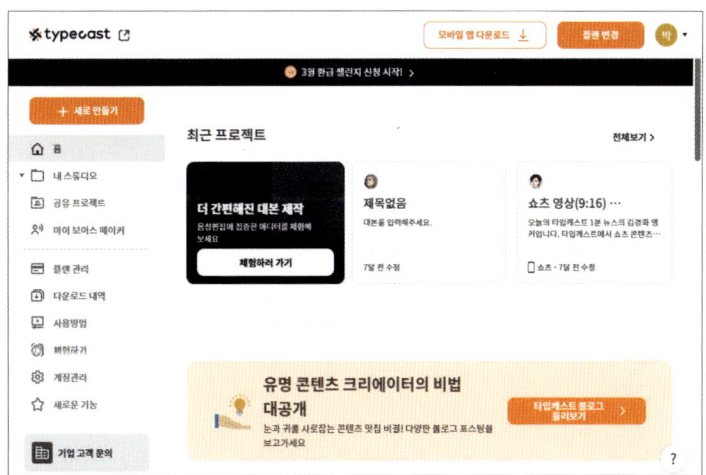

타입캐스트의 기본 작업 화면

무료 사용자도 100개 이상의 캐릭터를 활용해, 최대 5분까지 음성을 생성하고 다운로드할 수 있습니다. 또한 출처만 표기하면 개인 채널에 활용이 가능합니다.

구독 요금제는 세 가지로 베이직 요금제는 월 9,900원으로 60분, 프로 요금제는 월 39,000원으로 120분 제작이 가능합니다. 프로 이상 구독 시 자신의 목소리를 학습시켜 개인 전용 AI 성우(커스텀 보이스)를 만들 수 있어 브랜드 일관성이 중요한 사용자들에게 특히 유용합니다.

• 타입캐스트 : www.typecast.ai

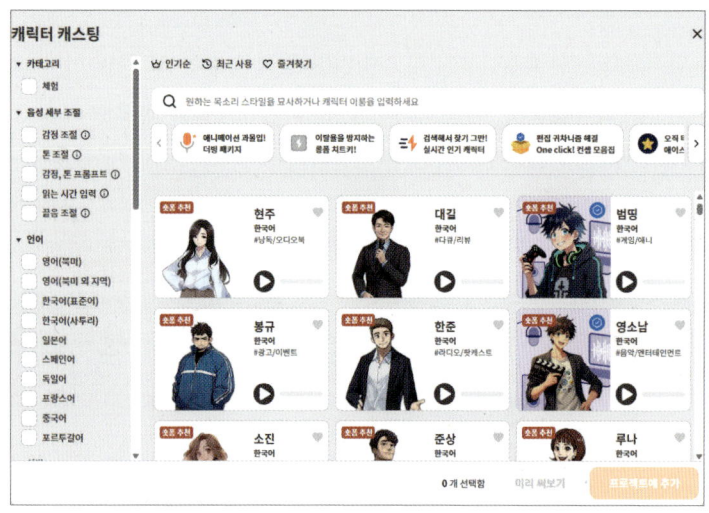

타입캐스트에서 선택할 수 있는 다양한 AI 성우 캐릭터

클로바더빙(CLOVA Dubbing)

클로바더빙은 IT 대기업인 네이버에서 제공하는 서비스로, 네이버의 최첨단 한국어 음성 기술과 노하우가 반영되어 있습니다. 무엇보다 출처만 표

기하면 수익이 발생하지 않는 비영리 채널에서 매월 다운로드 20회, 글자수 15,000자를 사용할 수 있습니다. 이는 1분당 300자로 환산하면 50분에 달하는 양입니다.

클로바더빙의 가장 큰 장점은 직관적인 사용법입니다. [내 프로젝트]에서 [콘텐츠 종류]를 [오디오]로 설정하고 프로젝트를 생성하여 간편하게 대본을 구성할 수 있습니다.

클로바더빙에서 선택할 수 있는 다양한 AI 성우 캐릭터

다만, 유료 구독의 경우 스탠다드 요금제가 월 19,900원부터 시작한다는 단점이 있습니다. 때문에 영리 채널에서 활용하려면 이러한 부분을 고려하는 것이 좋습니다.

• **클로바더빙** : clovadubbing.naver.com

브루(Vrew)

브루에서는 자막 기능에 더해 AI 더빙 기능도 활용할 수 있습니다. 영상 편집부터 자막 생성, 음성 더빙까지 한번에 처리할 수 있어 작업 효율이 뛰어납니다. 특히 자막 타이밍과 음성 길이가 자동으로 맞춰져 편집 시간을 크게 단축할 수 있습니다.

무료 사용자도 기본적인 AI 더빙 기능을 이용할 수 있지만 음성 품질과 사용 시간에 제한이 있습니다. 유료 구독 시 더욱 자연스러운 음성과 다양한 성우 옵션을 사용할 수 있습니다. AI 더빙(AI 음성 기능)만 별도로 구매할 수 없지만, 통합 서비스이므로 월 구독료는 경쟁 프로그램 대비 합리적인 수준입니다.

음성 더빙만을 목적으로 한다면 성우나 기능 면에서 제한적인 것은 사실이지만 영상 편집, 번역, 자막 생성 등 통합 기능을 선호한다면 추천할만한 서비스입니다.

AI 더빙이 더 자연스럽게 들리려면?

모든 AI 더빙 프로그램에서는 원하는 목소리를 선택할 수 있습니다. 성별, 연령대, 프로파일(직업, 특성, 사투리)로 제공되는 다양한 AI 성우에서 마음에 드는 목소리를 선택합니다.

이어서 대본을 입력하고 음성을 확인합니다. 필요에 따라 세부 옵션을 수정합니다. 대부분은 말하는 속도와 톤, 높낮이, 분위기와 감정까지 조절할 수 있습니다. 마음에 드는 AI 음성을 생성하면, 다운로드하여 영상 편집 프로그램에 추가하면 끝납니다. 그만큼 간단합니다. 처음엔 어색하게 느껴질 수 있지만, 몇 번만 해보면 누구나 쉽게 사용할 수 있습니다.

하지만 AI 음성이 아무리 좋아도, 사용법에 따라 결과가 달라질 수 있습니다. 자연스러운 내레이션을 위해 다음 팁을 활용해 보세요. AI 더빙은 편리하지만 텍스트를 입력하는 것만으로는 자연스럽지 않은 딱딱한 음성이 될 수 있습니다. 효율적이고 자연스러운 더빙을 위해 몇 가지 유용한 팁을 정리해봤습니다.

① 말하는 스타일에 맞춰 문장을 작성하자

AI 음성도 사람과 똑같이 책에 쓰인 문장(문어체)으로 제공하면 기계적으로 읽는 경향이 있습니다. 때문에 더빙 스타일을 고려하여 말하는 문장(구어체)으로 작성해야 합니다.

예를 들어 "유튜브는 돈을 벌 수 있는 최고의 플랫폼입니다."라는 문장보다 "유튜브, 돈 벌기 정말 좋은 플랫폼이에요!"라고 문장을 작성하면 더욱 자연스럽게 말하는 결과가 나옵니다.

문장 사이사이에 쉼표와 줄 바꿈을 활용하는 것도 좋습니다. AI 음성은 사람의 호흡처럼 쉼표나 줄 바꿈을 만나면 말하는 사이의 간격을 주므로 이를 적절히 활용해 음성에 강조와 흐름을 더할 수 있습니다.

② 감정을 표현하고 싶은 부분을 강조하자

기능이 많이 강화되었다고 하지만 여전히 AI 음성의 난점 중 하나는 다양한 감정을 살리기 어렵다는 점입니다. 사람은 똑같은 문장이라도 다양한 감정을 실을 수 있지만, AI 음성은 똑같은 문장에 똑같은 옵션을 적용하면 대부분 비슷한 결과가 나옵니다.

이때는 감탄사나 강조 단어를 추가하는 방법이 있습니다. "이 기능은 정말 유용합니다." 보다는 "와~ 이 기능! 진짜, 정말 유용해요!"처럼 감탄사를 활용하면 강조하고 싶은 감정을 더할 수 있겠죠?

또 단어 반복으로 강조하는 방법도 있습니다. "이거 대박입니다." 보다는 "이거 대박, 진짜 대박이에요!"처럼 단어를 반복한다면 AI 음성이 맥락에서 강조할 부분을 판단해 더욱 힘주어 말하게 됩니다.

③ 음성의 속도를 조정하자

대부분의 AI 더빙 프로그램에는 음성 속도를 조절할 수 있는 기능이 있습니다. 모든 콘텐츠에 동일한 음성 속도를 사용하는 것이 아니라, 다양한 속도를 적재적소에 사용하면 훨씬 효과가 좋습니다.

AI 성우에 따라 기본 속도가 다소 빠르게 들린다면 0.9~0.95배속으로 조절하면 더욱 자연스러워집니다. 많은 정보를 빠르게 전달해야 하는 정보 제공형 스타일은 1.1배속으로 압축적으로, 대화체 스타일은 0.9배속으로 자연스럽게, 차분한 설명은 0.85배속으로 편안한 느낌을 주는 것이 적절합니다.

④ 배경음악과 효과음을 적절히 활용하자

영상에 AI 음성만 들리면 단조롭고 기계적일 수 있습니다. 배경음악과 효과음을 활용하면 더 자연스럽고 몰입감 있는 영상이 됩니다.

배경음악 선택 팁은 다음과 같습니다. 설명 중심 영상에는 잔잔한 스타일, 유머러스한 영상에는 빠르고 경쾌한 스타일, 긴장감 넘치는 영상에는 강한 비트 음악을 사용하는 것이 좋습니다.

여기에 효과음을 더하는 것도 좋은 방법입니다. 유튜브에서 자주 사용하는 '띵—', '두둥!' 하는 효과음으로 반전이나 강조 효과를 더하거나, 웃긴 부분에는 코믹한 효과음을 적절하게 사용하면 효과적이죠. 유튜브에서 **유튜브 필수 효과음, 무료 효과음**으로 검색하면 자주 쓰이는 트렌디한 효과음을 쉽게 구할 수 있습니다.

⑤ AI 음성도 브랜드처럼 활용하자

유튜브 채널을 운영한다면 일관된 AI 음성을 사용하는 것이 브랜드 정체성 구축에 좋습니다. 특정 AI 음성을 사용하면 구독자들이 그 목소리를 듣는 것만으로도 "아, 이 채널이구나!"하고 인식할 수 있습니다. 브랜드 채널이라면 특정 AI 음성에 더해 로고와 배경음악, 편집 스타일(자막 배치)을 통일하면 더 강한 브랜드 구축이 가능합니다.

> **TIP** 다양한 콘텐츠를 운영한다면 콘텐츠 스타일에 따라 AI 음성을 다르게 설정하는 것이 좋습니다.

⑥ AI 더빙과 인간의 목소리를 믹스해보자

AI 음성만 사용하면 다소 기계적인 느낌이 날 수 있습니다. 그래서 AI 음성과 직접 녹음한 음성을 함께 섞는 것도 좋은 방법입니다.

믹스 활용 예시로는 AI 음성으로 전체 설명 후 중요한 부분은 직접 녹음하거나 질문은 AI 음성이 하고 답변은 본인 목소리로 구성하는 방법이 있습니다. 이렇게 하면 더 자연스럽고 '사람 냄새' 나는 영상을 만들 수 있습니다.

> **구스마일의 돈 버는 유튜브 실천 노트**

나를 대신할 전문 성우 고용하기

본인의 목소리를 직접 녹음하긴 어렵고, AI 더빙은 거부감이 들어서 싫은데 자금의 여유가 있다면 성우 채용도 고려해볼 수 있습니다. 성우는 명확하고 진중한 목소리로 메시지를 또렷하고 매력적으로 전달하기 때문에 성우를 채용하면 영상의 완성도가 확 달라집니다.

특히, 리뷰나 정보 전달 채널처럼 시청자에게 신뢰감을 줘야 하는 콘텐츠라면 성우의 목소리는 큰 자산이 됩니다. 정보 전달의 핵심은 전달력과 감정인데, 성우는 이런 부분에서 훌륭한 역할을 해냅니다.

성우를 채용해야 한다는 말에 부담을 느낄 수도 있겠지만, 요즘은 채용도 쉽습니다. 알바몬, 크몽, 숨은고수(숨고)와 같은 구인 및 재능 판매 사이트에서 재택 더빙이 가능한 아르바이트 성우를 많이 찾을 수 있습니다.

성우를 찾는 공고를 작성할 때는 구체적인 정보를 포함하는 것이 중요합니다. 예를 들어 어떤 톤의 목소리를 원하는지, 대본의 길이는 얼마나 되는지, 작업 기한은 언제까지인지 등을 명시하면 좋습니다.

> [예시] 유튜브 영화 리뷰 채널의 내레이션을 맡아주실 성우분을 찾습니다. 밝고 친근한 톤을 선호하며, 작업 분량은 A4 용지 한 장으로 약 2~3분 분량의 대본입니다. 작업 기간은 5일 이내입니다. 샘플 음성을 보내주시면 검토 후 바로 연락 드리겠습니다.

이후에 꽤 많은 지원 연락이 올 것입니다. 지원자들이 보낸 샘플을 듣고 발음이 명확한지, 목소리가 영상 분위기와 어울리는지, 전달력은 좋은지 등 여러분의 기준을 가지고 선택하면 됩니다.

성우 채용 비용은 성우마다 다를 수 있지만, 일반적으로 대본 분량에 따라 가격이 책정되며, 시급으로 모집해도 많은 사람들이 지원합니다. 예산이 적다면 연습 중인 초보 성우를 고용하거나, 대본을 2분 이내로 짧게 구성해서 비용을 절약하는 방법도 있습니다.

비용을 협상할 때는 계약서를 작성하고 저작권 귀속에 관한 부분을 반드시 명시해야 합니다. 작업 기한과 추가 수정 가능 여부도 꼭 확인하세요. 결과물에서 수정이 필요한 경우 추가 비용이 발생할 수 있으니 사전에 확인해야 합니다.

LESSON 06

챗GPT 및 다양한
AI 프로그램 활용하기

호모 프롬프트의 시대

챗GPT는 우리의 업무와 일상에 깊숙이 자리잡았습니다. 2025년 초 일부 기능이 무료로 제공되고 '지브리 챌린지'를 통해 일반인들에게 알려지기 전부터 이미 다양한 영역에서 챗GPT를 사용하는 사람들을 쉽게 만날 수 있었습니다.

챗GPT를 사용해본 사람들은 '미래에는 챗GPT 같은 AI를 활용할 수 있는 사람과 그렇지 않은 사람으로 나뉠 것'이라고 말합니다. 다소 극단적이긴 하지만 챗GPT 활용이 얼마나 유용하고 삶의 무기가 되는지 보여주는 표현이라고 생각합니다.

그래서 저도 챗GPT와 친구가 되기로 했습니다. 처음에는 어떻게 사용해야 할지 감이 잡히지 않았습니다. 챗GPT는 텍스트 기반 AI인데 제가 활동하는 유튜브는 영상 기반이었으니까요. 하지만 사용하면 할수록 유튜브 콘텐츠 제작에 큰 도움이 되었습니다. 챗GPT는 단순한 AI 프로그램이 아니라 어느새 창작 파트너 역할까지 해내고 있었으니까요.

지금은 아이디어가 막힐 때 영감을 받거나, 영상에 사용할 복잡한 정보도 척척 정리해줍니다. 심지어 영상 제목이나 섬네일 아이디어, 태그까지 고민해주는 든든한 동반자로 활약하고 있습니다. 이번에는 제가 자주 활용하는 챗GPT의 주요 기능을 살펴보겠습니다.

챗GPT로 유튜브 배너, 로고 아이디어 얻기

유튜브 배너나 로고를 만들 때 채널의 성격과 타깃층을 고려해 그럴듯한 기초 디자인 자료를 만들 수 있습니다. 디자인 작업을 완전히 대체할 수는 없지만, 어디서부터 시작해야 할지 막막할 때 아이디어를 얻을 수 있습니다.

예를 들어 잔잔한 ASMR 채널을 위해 카페를 배경으로 한 따뜻한 분위기의 배너가 필요하다면 이렇게 요청하면 됩니다.

> **[예시]** 밝고 따뜻한 느낌의 감성적인 유튜브 배너 이미지를 만들어줘. 채널 이름은 'TEST CHANNEL'이야, 조용한 카페에서 노트북을 사용하는 모습을 넣고 부드러운 파스텔톤 컬러를 활용해줘. ASMR 채널에 어울리는 편안하고 차분한 분위기로 만들어줘. 배경에는 책장과 책 그리고 다양한 화분이 있고 따스한 분위기, 실사 느낌이 더해지면 좋겠어. 정물화 같은 느낌으로 사람은 없이 생성해줘!

그러면 챗GPT가 여러분의 요청을 반영한 이미지를 만들어줍니다. 감성적인 브이로그 채널을 위한 따뜻한 느낌의 이미지부터 차갑고 전문적인 IT 리뷰 채널의 실사 배너 이미지까지 모두 만들 수 있습니다.

> 밝고 따뜻한 느낌의 감성적인 유튜브 배너 (채널아트) 이미지를 만들어줘. 채널 이름은 'TEST CHANNEL'이야. 조용한 카페에서 노트북을 사용하는 모습을 넣고 부드러운 파스텔톤 컬러를 활용해줘. ASMR 채널에 어울리는 편안하고 차분한 분위기로 만들어줘. 배경에는 책장과 책 그리고 다양한 화분이 있고 따뜻한 분위기, 실사 느낌이 더해지면 좋겠어. 정물화 같은 느낌으로 사람은 없이 생성해줘!

이미지 생성됨

요청하신 이미지가 위에 생성되었습니다. 추가 요청이나 수정 사항 있으면 언제든 말씀해 주세요!

챗GPT를 활용해 배너 이미지를 만든 예시

> 이 채널아트에 어울리는 로고도 하나 만들어볼까? 이름은 TEST CHANNEL이지만 로고인 만큼 ASMR이라고만 간단하게 텍스트를 입력해도 좋아! 특히 텍스트가 가운데 위치하고 잘 보이면 좋겠지? 사진 크기는 1:1 정사각형 비율에 채널 정체성이 잘 드러나도록 수정해줘!

이미지 생성됨

로고가 위에 생성되었습니다! 추가 요청이 있으시면 언제든 말씀해 주세요.

이어서 챗GPT로 배너 이미지에 어울리는 로고를 요청한 예시

완성된 이미지에 텍스트까지 더해 활용하는 방법, 텍스트 없이 생성해 이미지만 다운로드해 캔바나 미리캔버스에서 작업하는 방법, 전문 디자이너에게 의뢰할 때 키 이미지로 첨부하는 방법 등 무궁무진하게 활용할 수 있습니다.

이러한 방법을 사용한다면 단편적인 유튜브 영상이나 쇼츠 제작에 필요한 참고용 이미지를 얼마든지 생성할 수 있습니다. 참고 이미지를 첨부해 비슷한 이미지를 생성하는 것도 가능하며, 이미 생성된 이미지를 수정하도록 요청하면 챗GPT가 알아서 척척 해낼 것입니다.

배너 이미지나 섬네일 제작에 필요한 기본 이미지를 요청한 예시

유튜브 대본도 챗GPT로 작성할 수 있다

유튜브를 처음 시작하는 분들이 가장 어려워하는 부분이 대본 쓰기입니다. 챗GPT는 텍스트 기반 AI인 만큼 당연히 유튜브 대본 작성과 수정에 큰 도

움이 됩니다. 채널의 주제와 방향을 챗GPT에게 알려주고, 기초 자료와 여러분이 작성한 내용을 바탕에 둔다면 빠르고 체계적으로 대본을 작성할 수 있습니다.

유튜브 대본을 미리 작성하는 것이 중요한 이유

대본 없이 즉흥적으로 영상을 찍으면 어떤 문제가 생길까요? 말이 중간에 끊기거나 더듬거릴 것은 뻔하고, 핵심 내용이 없거나 두서없이 길어질 가능성도 높습니다.

물론 편집으로 극복할 수도 있지만, 편집 과정에서 불필요한 부분이 많아지면 편집 시간이 길어져 여러분이 지치게 됩니다. 영상을 그대로 사용하면 시청자 이탈율이 당연히 높아질 것이고요. 따라서 잘 짜인 대본은 필수입니다. 대본 하나로 영상의 품질이 높아지고 시청 지속 시간(WT)이 늘어나며 유튜브 알고리즘에도 유리해집니다.

초보 유튜버라면 처음 작성한 대본이 완벽할 수 없습니다. 이때 챗GPT에게 도움을 받으면 한층 나은 품질로 만들 수 있습니다.

챗GPT에게 대본을 요청하는 방법

하지만 챗GPT에게 단순히 'OO를 주제로 유튜브 대본을 써줘'라고 요청하면 인터넷 여기저기에 널린 정보를 짜깁기해 엉뚱한 대본을 만듭니다.

챗GPT에게 대본을 요청하는 올바른 방법을 알아보겠습니다. 예를 들어 부동산 경매 초보자를 위한 영상이라면 이에 관한 기초 자료를 여러분이 모으고, 작성해야 합니다. 이 과정을 챗GPT를 통해 정리하고 검증하면 더욱 편하고요.

이러한 자료를 첨부하고 '첨부한 자료를 바탕에 두고 부동산 경매 초보자를 위한 유튜브 영상 대본을 작성해보자. 영상 길이는 5분이고 첨부된 자료를 통해 경매 왕초보도 쉽게 이해할 수 있도록 어려운 설명은 풀어서 표현해줘. 초반 5초 안에 시청자의 관심을 끌 후킹 멘트를 추가하고 마지막에는 자연스럽게 구독과 좋아요를 유도하는 멘트를 넣어줘.'라고 요청해보겠습니다.

그러면 챗GPT는 자료를 바탕으로 영상 대본을 작성합니다. 이 결과에서 여러분이 원하는 어조, 문체와 구성 변경 등을 요청해 점차 발전시키는 것이지요.

작업이 끝난 뒤에 '생성된 대본을 다음 작업에서도 사용할 수 있도록 지금까지의 지침을 모두 정리해줘'라고 요청한다면 다음에도 더욱 편리하게 대본을 작성할 수 있습니다.

챗GPT로 대본을 만들 때 추가하면 좋은 기능들

챗GPT로 만든 대본을 좀 더 자연스럽게 만들려면 몇 가지 요소를 추가하는 것이 좋습니다.

먼저 대화형 스타일로 변환하는 작업입니다. 우리가 일상적으로 대화할 때, 직접 녹음을 하거나, AI 더빙을 활용하거나 유튜브 영상을 촬영할 때 사용하는 말투는 구어체가 기본입니다. '여러분 혹시 ○○ 알고 계신가요?'나 '이건 제가 직접 경험한 이야기인데요!'처럼 시청자와 대화하는 느낌을 추가하도록 요청하면 훨씬 자연스러운 대본이 됩니다.

시청자와 상호작용을 유도하고 스토리텔링 방식을 적용하는 방법도 활용할 수 있습니다. 챗GPT에게 구체적인 사례를 제공하고 이런 부분을 강조하도록 요청하면 더욱 흥미진진한 대본이 됩니다.

마지막으로 영상 길이에 맞게 대본 분량을 조정하는 것은 필수입니다. 단순히 10분, 15분짜리 영상 대본을 요청하는 것보다는, 전체 10분에 인트로 1분, 본론 7분, 결론 2분 구조로 나누어 대본을 요청한다면 더욱 짜임새 있는 결과를 얻을 수 있습니다.

전체 대본 중 어느 부분에서 시청자들이 가장 흥미를 느낄지 물어보고 해당 장면을 인트로 전에 배치하는 방법도 사용할 수 있습니다.

한 가지 주의할 점은 모든 과정을 챗GPT에게 위임하는 것이 아니라는 점입니다. 간단히 개조식으로 정리한 정보, 어설프더라도 여러분이 기초로 작성한 대본을 활용해서 챗GPT에게 요청해보세요. 유튜브 영상의 품질이 확 달라지는 것은 물론 여러분만의 독특한 콘텐츠가 될 것입니다.

LESSON 07
유튜브 채널 운영에 유용한 프로그램 모음

앞선 LESSON에서 소개한 프로그램들 외에도 다양한 모바일, AI 프로그램이 있습니다. 이런 프로그램들 덕분에 유튜브 영상 제작은 훨씬 간편해졌지만, 많은 프로그램을 마주하면 처음에는 복잡하게 느껴질 수 있습니다.

사실 각각의 프로그램은 누구나 손쉽게 활용할 수 있습니다. 다만 어디에 어떻게 사용할지 감을 잡기 어려운 것뿐입니다. 이번에는 유튜브 제작에 도움이 될 다양한 프로그램을 살펴보고, 작업 효율성을 어떻게 높일 수 있을지 알아보겠습니다.

❶ 쉽고 간편한 영상 편집 프로그램

유튜브 채널 운영의 가장 큰 벽은 바로 영상 편집입니다. PC 앞에 진드근히 앉아 컷 편집하고, 자막을 만드는 작업은 생각보다 지루하기 때문이죠. 이때 스마트폰을 활용하면 꽤나 간단하고 재미있게 작업할 수 있습니다. 유튜브를 처음 시작하는 분들이 부담 없이 사용할 수 있는 모바일 전용 편집 프로그램들을 알아보겠습니다.

블로(VLLO)

한국의 비모소프트에서 개발한 모바일 영상 편집 프로그램입니다. 기능은 매우 단순하지만, 사용 방법이 직관적이고 쉬워 초보자도 활용할 수 있습니다. 특히 워터마크 표시 없이 무료로 이용할 수 있다는 점이 큰 장점입니다.

기본적인 컷 편집과 자막 기능 그리고 간단한 효과 적용까지 무료로 사용할 수 있습니다. 프리미엄 유료 구독(월 4,900원, 연 15,000원)으로 배경음악, 효과음, 특수 효과 등 더 많은 기능을 사용할 수 있습니다. PC(Window나 Mac) 버전은 제공되지 않습니다.

- **블로** : www.vllo.io

원더쉐어 필모라(Wondershare Filmora)

중국의 원더쉐어에서 개발한 PC 및 모바일 영상 편집 프로그램입니다. 캡컷(CapCut)과 마찬가지로 다양한 템플릿과 효과를 제공하며, 특히 영상과 음악을 자동으로 맞춰주는 싱크 기능이 뛰어나다는 평가가 있습니다. 기본적으로 무료 버전이 제공되지만 영상을 출력할 때 워터마크가 표시됩니다. 또한 모든 기능과 효과를 사용하려면 유료 구독이 필요합니다.

유료 구독은 기본, 고급, 프리미엄 플랜으로 나누어져 있습니다. 각각의 요금제마다 제공되는 기능과 특수 효과가 조금씩 차이가 있으므로 유료 구독 전 확인이 필요합니다.

- **원더쉐어 필모라** : filmora.wondershare.kr

프로그램을 사용할 때 주의할 점

앞서 소개한 프로그램을 사용할 때 가장 중요한 것은 한번에 모든 기능을 완벽히 익히지 않아도 되는 것입니다. 처음에는 간단하게 컷 편집과 자막 추가 같은 기본적인 것부터 시작해보세요.

처음에는 컷 편집과 기본 자막 기능, 배경음악 추가와 효과 적용만 집중적으로 사용해도 충분합니다. 그러다 익숙해지면 전환(트랜지션) 효과를 넣어보거나 레이어 기능, 자막 디자인 등 고급 편집에 도전하는 것입니다. 이렇게 하나씩 배우고, 적용하면 자연스럽게 실력이 쌓일 것입니다.

기본 편집 프로그램을 사용하다 채널이 조금씩 커지고, 영상 품질에도 욕심이 나기 시작할 때 고급 편집 프로그램으로 넘어가는 것을 고려하면 됩니다. 이때도 모든 기능을 한번에 공부하는 것보다 기존에 사용하던 기능에 먼저 적응하고 이후 고급 기능을 하나씩 배우고 적용하면 됩니다. 나중에는 자주 사용하는 효과를 템플릿으로 만들어 빠르게 편집할 수 있을 것입니다.

당연히 모든 프로그램을 다 공부할 필요는 없겠죠? 처음에는 컷 편집 먼저 비교해보며 여러분이 쉽게 편집할 수 있는 프로그램을 선택하고, 유료 구독 후에 기본 편집에만 집중하면 빠르게 성장할 수 있습니다.

❷ 영상 품질을 한 단계 올려줄 고급 영상 편집 프로그램

유튜브를 처음 시작할 때는 기본 편집 프로그램으로도 충분하지만 채널이 성장하고 콘텐츠의 완성도를 높이고 싶다면 고급 영상 편집 프로그램을 고려해야 합니다.

대표적인 고급 영상 편집 프로그램들을 비교해보고 작업 스타일과 목적에 맞는 프로그램을 선택하면 됩니다.

TIP 파이널 컷 프로를 제외한 거의 모든 프로그램은 PC(Window나 Mac) 사용이 가능합니다.

어도비 프리미어 프로(Adobe Premiere Pro)

영상 편집 소프트웨어의 표준으로 불릴 만큼 다양한 기능과 안정성을 갖춘 프로그램입니다. 가격은 어도비 프리미어 프로 단독 구독이 월 44,000원이며, 어도비 프로그램 전체를 구독하는 크리에이티브 클라우드 앱 구독이 월 104,000원으로 다소 비싼 편입니다.

> TIP 어도비 구독 요금제는 1년 단위로 월마다 자동 결제되는 방식입니다. 한 번 월간 요금제를 지불하기 시작해도 1년 내내 구독해야 하기 때문에 프로그램 선정에 신중해야 합니다. 다만, 첫 구독자를 대상으로 할인전을 자주하므로 이 프로그램을 사용하기로 선택했다면 이때를 노려 구독하는 것도 좋은 방법입니다.

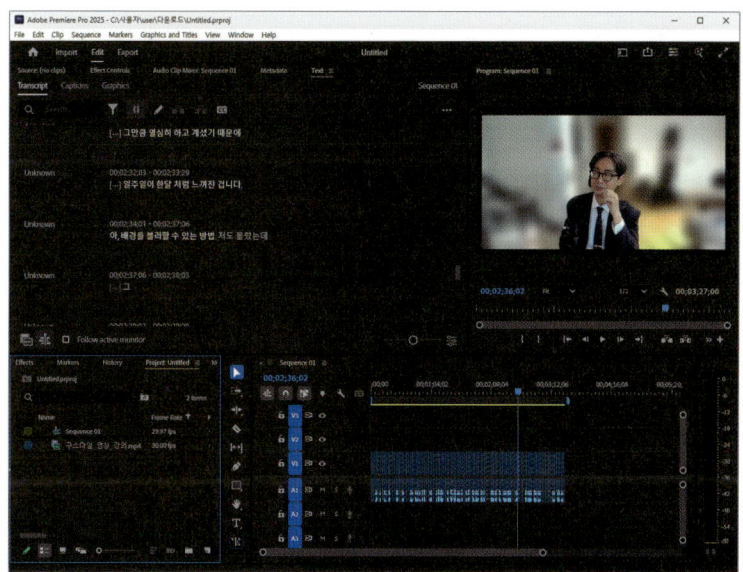

어도비 프리미어 프로의 기본 편집 화면

유튜브 콘텐츠부터 간단한 영화 제작, 광고 영상까지 모든 유형의 영상 제작에 활용될 정도로 다재다능한 점이 강점입니다. 색 보정, 고급 오디오 편집 등 전문가 수준의 다양한 기능을 제공하며, 특히 포토샵과 같은 어도비의 다른 프로그램과 연동성이 뛰어나 작업 효율을 극대화할 수 있습니다.

2025년부터는 AI 기능도 내장되어 자동 색상 보정, 자동 컷 편집 그리고 오디오 조정 같은 시간이 많이 걸리는 작업을 자동화할 수 있습니다.

처음 사용한다면 복잡하게 느껴질 수 있으며 연간 구독형 서비스로 매달 비용이 발생한다는 점이 부담스러울 수 있습니다. 그렇지만 다양한 플러그인과 확장성, 가장 범용적인 전문 편집 프로그램이라 유튜브, 블로그 등 다양한 경로로 편집 정보와 강의를 구할 수 있다는 게 큰 장점입니다. 유튜브를 넘어 전문적인 편집까지 도전하고 싶다면 추천합니다.

- 어도비 프리미어 프로 : www.adobe.com/kr/products/premiere

베가스 프로(VEGAS Pro)

직관적이고 간단한 인터페이스로 초보자와 중급 사용자 모두에게 인기가 많습니다. 가장 보편적인 편집 방식 덕분에 처음 사용하는 사람도 빠르게 익힐 수 있는 장점이 있습니다. 한번 구매하면 월간, 연간 구독료 없이 영구적으로 사용할 수 있다는 점에서 가성비를 중시하는 사용자들에게 좋은 선택이 될 수 있습니다.

> **TIP** 참고로 베가스 프로는 네이버 스마트스토어 등에서 '베가스 프로'로 검색해 다양한 판매자를 통해 구매할 수 있습니다. 2024년 7월에 출시한 22 버전은 가격이 조금 비싼 편이고 21 버전은 저렴한 가격에 구할 수 있습니다.

베가스 프로는 프리미어 프로보다 상대적으로 기능은 단순하지만, 가성비가 좋아 저렴하게 고품질 영상을 제작하는 사람에게 추천합니다. 또한 기초 강의는 유튜브에서 얼마든지 검색해 찾을 수 있습니다.

다빈치 리졸브(DaVinci Resolve)

다빈치 리졸브는 강력한 색 보정 프로그램으로 시작했지만 현재는 영상 편집과 특수 효과 그리고 오디오 편집까지 통합해 사용할 수 있는 종합 편집 프로그램이 되었습니다.

가장 좋은 점은 기본 편집 기능을 포함한 대부분의 기능이 무료로 제공된다는 점입니다. 무료 버전이라도 유료 버전 대비 100%에 해당하는 기능이 제공되는 만큼 가격 부담이 매우 적습니다.

> **TIP** 유료 버전인 스튜디오 버전은 약 500,000원으로 한 번 구매 후 영구적으로 사용할 수 있습니다. 유료 버전에서는 초고해상도(8K) 편집과 HDR 그리고 AI 프로그램이 추가됩니다.

다만 초보자에게는 사용이 어려울 수 있으며, 원활한 작업을 위해선 고사양 PC가 필요하다는 점이 단점으로 꼽힙니다. 그러나 무료 버전에서도 강력한 색감 조정과 보정 효과를 제공하므로, 영화적 연출을 중요하게 생각하는 유튜버라면 다빈치 리졸브 무료 버전도 고려해볼 수 있습니다.

- **다빈치 리졸브** : www.blackmagicdesign.com/kr/products/davinciresolve

파이널 컷 프로(Final Cut Pro)

애플에서 제작한 고급 영상 편집 프로그램으로 macOS에서만 사용할 수 있습니다. Mac과 아이패드 모두 사용할 수 있으며 Mac의 경우 449,000원의 일회성 구매로 영구적으로 사용이 가능합니다.

> **TIP** 파이널 컷 프로의 아이패드 버전은 월 구독료 6,900원으로 구매할 수 있습니다.

Mac 제품 사용자들에게 최적화된 성능을 제공하며 특히 빠른 렌더링 속도와 강력한 타임라인 편집 기능으로 효율적인 편집이 가능합니다.

그러나 윈도우에서는 사용할 수 없다는 점이 가장 큰 단점이며, 플러그인 확장성이 다른 소프트웨어에 비해 부족하다는 점을 반드시 구매 전에 고려해야 합니다.

- 파이널 컷 프로 : www.apple.com/kr/final-cut-pro

어떤 고급 영상 편집 프로그램을 선택할까

다빈치 리졸브를 제외한 편집 프로그램은 월간 구독, 영구 라이선스 모두 가격이 상당합니다. 따라서 다음 기준을 꼭 확인해 구매하는 것이 좋습니다.

첫째, 구매 목적과 예산을 고려합니다. 단순 컷 편집이 필요한지, 영화 같은 고급 편집이 필요한지 생각해보세요. 컷 편집 이상의 기능이 필요하지 않다면 아직 고급 편집 프로그램을 구매할 단계가 아닐 것입니다.

둘째, 현재 사용 중인 PC의 사양을 확인합니다. 대부분의 고급 편집 프로그램은 높은 사양을 요구합니다. 단순 사무용 PC로는 작업이 어려울 수 있고, 기본 편집 외 다양한 효과가 더해지면 필요한 사양은 점점 더 올라갑니다.

셋째, 앞으로의 학습 계획도 같이 고려합니다. 고급 편집 프로그램의 기본 기능은 처음 배울 때는 어렵지만, 손에 익으면 기본 편집 프로그램보다 훨씬 빠르게 편집할 수 있습니다. 고급 편집까지 학습하기 위해서는 기본 기능을 빠르게 학습하는 것이 중요합니다.

❸ 영상과 이미지를 생성해주는 AI 프로그램

AI 기반의 영상 및 이미지 생성 프로그램을 사용하면 빠르고 간단하게 원하는 비주얼의 결과물을 만들 수 있습니다. 이러한 작업물을 사용하면 쇼츠 영상, 설명형 콘텐츠의 참고용 이미지 그리고 섬네일을 제작할 때 매우 유용합니다. 단 몇 초 만에 고품질의 비주얼 콘텐츠를 제작할 수 있어 창작의 부담을 줄이고 콘텐츠의 완성도를 높일 수 있을 것입니다.

> **TIP** 참고로 달리(Dall-E)도 유명한 이미지 생성 프로그램이었지만 지금은 챗GPT 기능에 흡수되어 별도의 서비스로 제공되지 않습니다.

미드저니(Midjourney)

텍스트 프롬프트를 통해 고품질 이미지를 생성하는 AI 프로그램입니다. 특히 예술적이고 창의적인 이미지 생성에 뛰어나며, 최근 버전에서는 한글 프롬프트 지원, 이미지 기반의 짧은 영상 제작 등 다양한 기능이 추가되었습니다. 기본 베이직 플랜은 월 10달러에 약 200장의 이미지를 생성할 수 있습니다.

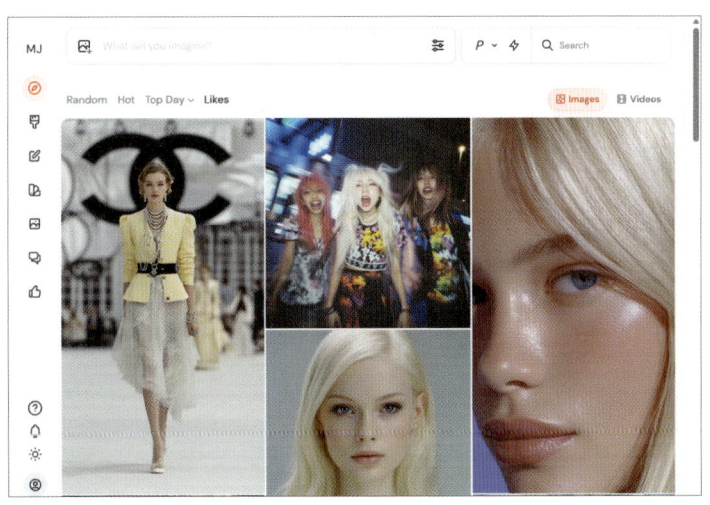

미드저니에서 AI로 생성된 이미지

- 미드저니 : www.midjourney.com

어도비 파이어플라이(Adobe Firefly)

파이어플라이는 어도비의 생성형 AI 프로그램으로 가장 기본인 스탠다드 구독은 월 13,200원에 이용할 수 있습니다. 다른 프로그램과 마찬가지로 이미지 생성, 비디오 생성 모두 사용할 수 있습니다.

가장 큰 장점은 이미지를 생성할 때 저작권 문제에서 자유로운 원본을 사용해 상업적 이용이 자유로우며, 어도비 크리에이티브 클라우드 앱 구독 중인 사용자는 매월 1,000크레딧이 기본으로 제공됩니다.

텍스트 프롬프트 외에 다양한 효과, 기능을 직관적으로 사용할 수 있어 프롬프트 학습이 어려운 초보자들이 편리하게 사용할 수 있습니다.

- **어도비 파이어플라이** : firefly.adobe.com

구글 이마젠 4(Google Imagen 4)

구글의 최신 이미지 생성 모델로 2K 해상도까지 지원하며 텍스트 생성이 크게 개선되었습니다. 기본적으로 별도의 프로그램이 아닌 구글의 생성형 AI인 제미나이(Gemini)에서 사용이 가능하며 제한적이나마 무료 사용이 가능합니다. 기본 프로 요금제는 월 29,000원으로 구매할 수 있습니다.

챗GPT와 마찬가지로 간단한 프롬프트 입력만으로 이미지를 생성할 수 있고, 프로 요금제에서는 AI 영상 생성 모델인 비오3(Veo3)까지 활용할 수 있습니다. 챗GPT에 비해 세밀한 표현이 뛰어나며 사실적인 스타일과 추상적인 스타일 모두 지원하기 때문에 최근 각광을 받고 있습니다.

- **구글 이마젠(제미나이)** : gemini.google.com

이외에도 캔바, 미리캔버스 등 디자인 플랫폼에서도 간단한 AI 편집 기능을 사용할 수 있습니다. 몇 번의 클릭만으로 맞춤형 섬네일과 배너 이미지를 제작할 수 있고, 텍스트로 원하는 스타일을 입력하면 자동으로 적합한 템플릿을 추천해주거나 이미지를 생성합니다.

개별 프로그램을 사용이 가능한 범위에서 다뤄보고 원하는 스타일, 목적, 예산에 따라 선택하는 것이 중요합니다. 무료로 시작하고 싶다면 파이어플라이나 구글 이마젠, 챗GPT를 추천하고 고품질의 이미지가 필요하다면 미드저니를 고려해보세요!

❹ 유튜브 콘텐츠에 적합한 음원 사이트

유튜브 콘텐츠의 완성도를 높이기 위해서는 적절한 배경음악은 필수입니다. 그러나 저작권 문제로 음원 선택은 신중에 신중을 기해야 합니다. 자칫하면 영상의 오디오가 차단되는 것은 물론 수익 창출이 막히는 블랙리스트에 추가될 수 있기 때문입니다. 그럼 유튜브에서 안전하게 사용할 수 있는 음원 사이트에 대해 알아보겠습니다.

유튜브 오디오 라이브러리(YouTube Audio Library)

유튜브에서 직접 제공하는 무료 음원 저장소로 다양한 장르와 분위기의 음악을 제공합니다. 대다수의 음악은 저작권 걱정 없이 사용할 수 있으며 유튜브 스튜디오 내에서 바로 접속하면 됩니다. 라이브러리 내에서 검색과 분류 기능을 지원하여 원하는 분위기의 음악을 쉽게 찾을 수 있습니다.

한 가지 주의할 점은 대다수의 많은 트랙들이 출처 표기 없이 사용 가능하지만 일부 음원은 출처 표기가 필요할 수 있으니 다운로드하기 전 반드시 확인하는 것이 좋습니다.

에피데믹 사운드(Epidemic Sound)

대형 유튜버들이 가장 많이 사용하는 유료 음원 서비스입니다. 기본 월 구독료 14,400원을 지불하면 채널 1개에서 방대한 음원 라이브러리를 거의 무제한으로 사용할 수 있습니다. 특히 유튜브와 연동이 원활하여 저작권 문제 없이 안전하게 음악을 사용할 수 있습니다.

2025년 기준 5만 개 이상의 음악, 20만 개 이상의 효과음을 제공하며 다양한 장르와 분위기의 음악이 지속적으로 업데이트되어 전문적인 콘텐츠 제작자들에게 특히나 인기가 높습니다.

- 에피데믹 사운드 : www.epidemicsound.com

아트리스트(Artlist)

고품질의 음악과 효과음을 제공하는 유료 서비스로 에피데믹 사운드와 마찬가지로 방대한 음악과 효과음을 제공합니다. 구독 요금제의 경우 소셜(개인), 프로(사업자) 계정으로 나뉘져 있으며 채널 1개의 개인 계정인 경우 월 9.99달러(연간 구독은 119.88달러)에 구독할 수 있습니다.

참고로 프로 계정은 상업적 용도로 사용할 수 있으며 3개 이상의 소셜미디어 채널에서 사용할 수 있습니다. 처음에는 소셜 계정으로 시작해, 채널 확장 전략, 상업 채널 전략으로 이동할 때 프로 계정을 구독하는 것이 이득입니다.

- 아트리스트 : www.artlist.io

뮤팟(MEWPOT)

뮤팟은 15만 명의 영상 편집자와 기업이 사용하는 한국의 음원 서비스로 배경음악과 효과음은 물론 영상 소스까지 제공합니다. 다양한 분위기의 배경음악을 한국어로 쉽게 검색할 수 있고, 쇼츠에 필요한 '테마 브금'까지 제공해 찾는 사람이 늘고 있습니다.

크리에이터 라이선스(개인)는 7일 무료 체험 후 월 11,900원으로 구독이 가능하며 폰트와 자막 템플릿까지 함께 제공하는 요금제, 월간 구독 시 할인까지 적용되므로 여러분의 계획에 맞게 선택하면 좋습니다.

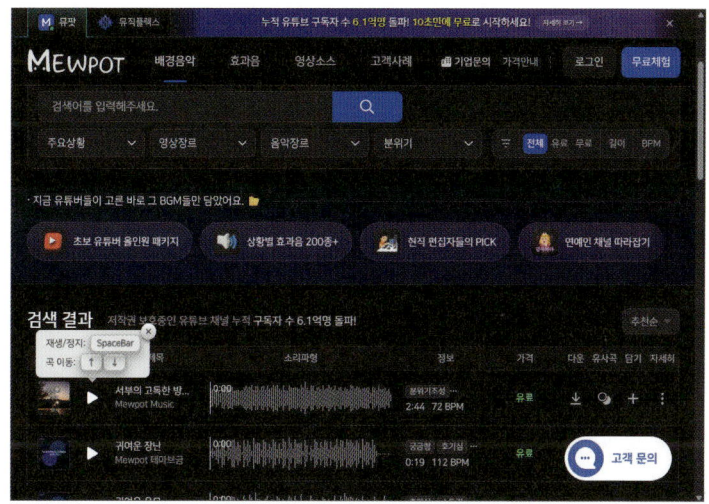

뮤팟에서 제공하는 다양한 음원 리스트

• 뮤팟 : www.mewpot.com

❺ 아이디어를 얻는 대화형 AI 프로그램

유튜브 콘텐츠를 준비하는 단계에서 아이디어를 구상하는 작업은 누구에게나 골치 아픈 일이 아닐까 싶습니다. 어떤 주제로 영상을 만들지 고민하거나 기획안을 구상할 때 막막함을 느끼는 경우가 많은데요. 이때 대화형 AI 프로그램들이 강력한 브레인스토밍 파트너 역할을 해줄 수 있습니다. 각각의 특징과 장점을 가진 AI 프로그램들에 대해 알아볼까요?

클로드(Claude)

챗GPT 개발자 출신으로 이루어진 앤트로픽에서 개발한 AI 프로그램으로, 무료 버전도 제공하지만 프로 구독은 월 20달러입니다.

긴 문서 분석과 복잡한 추론 작업에 뛰어나며, 스크립트나 기획서 작성에 유용합니다. 윤리적이고 균형 잡힌 답변을 제공하는 것으로 유명하며 창작 작업과 아이디어 발전에 특히 강점을 보입니다.

단점으로는 한 대화의 길이가 길지 않다는 점, 이미지 생성 등 추가 기능이 제공되지 않아 복합적인 활용이 어렵다는 점이 있습니다.

- 클로드 : www.claude.ai

퍼플렉시티(Perplexity)

실시간 웹 검색 기능이 기본으로 내장된 AI 검색 엔진으로 최신 정보와 트렌드를 바탕으로 한 아이디어 제안이 가능합니다.

모든 답변에 출처를 제공하여 신뢰할 수 있는 정보를 바탕으로 콘텐츠 아이디어를 개발할 수 있습니다. 특히 시사성 있는 주제나 최신 트렌드를 다룬 콘텐츠 기획에 유용합니다.

무료 버전은 하루 5회의 프로 검색을 제공하고, 프로 플랜은 월 구독료 20달러로 하루 300회 이상의 프로 검색과 고급 AI 서비스를 제공합니다.

- **퍼플렉시티** : www.perplexity.ai

그록(Grok)

일론 머스크의 xAI에서 개발한 AI 프로그램으로 X(구 트위터) 플랫폼과 연동되어 실시간 소셜 미디어 트렌드에 접근할 수 있습니다. 2025년 2월부터 X 사용자에게 제한적으로 무료 제공되기 시작했지만 고급 기능을 사용하려면 월 8달러의 X 프리미엄 구독이 필요합니다.

고급 기능인 딥서치와 추론 모드를 위해서는 별도의 슈퍼 그록 플랜(월 30달러)을 구독해야 합니다. 다른 AI 프로그램들과 달리 윤리적 문제에서 자유롭고 유머러스한 답변 스타일을 가지고 있어 창의적이고 독특한 콘텐츠 아이디어를 얻는 데 유용합니다.

- **그록** : www.grok.com

제미나이(Gemini)

앞서 구글 이마젠으로 소개한 서비스입니다. 기능이 제한된 기본 버전은 무료이고, 기본적인 프로 요금제는 월 29,000원에 구매할 수 있습니다.

구글의 검색 엔진과 연동되어 방대한 정보에 접근할 수 있으며 유튜브를 포함한 구글 서비스와의 통합이 뛰어납니다. 이미지 생성 기능도 포함되어 섬네일 아이디어나 비주얼 콘셉트를 함께 개발할 수 있습니다.

- **구글 이마젠(제미나이)** : gemini.google.com

어떤 AI 프로그램을 선택해야 할까

각 AI 프로그램은 고유한 특징을 가지고 있어 용도에 따라 선택하는 것이 좋습니다. 현재 챗GPT가 가장 널리 사용되고 거의 모든 기능에서 평균 이상의 성능을 보여주고 있어 대다수의 사람들이 고민 없이 고르는 경우가 많습니다.

체계적이고 신중한 기획이 필요하다면 클로드를, 최신 트렌드와 팩트 체크가 중요하다면 퍼플렉시티를, 독창적이고 화제성 있는 아이디어가 필요하다면 그록을 선택하거나 추가해 활용하면 됩니다. 하나만 사용해도 충분하지만, 여러 프로그램을 조합해서 사용하면 풍부하고 다양한 아이디어를 얻을 수 있습니다.

❻ 기타 추천 프로그램

유튜브를 성공적으로 운영하려면 영상 편집과 AI 프로그램 외에도 다양한 프로그램을 활용해야 합니다. 이런 프로그램들은 콘텐츠 제작 시간을 줄이는 것은 물론 채널 성장을 돕는 강력한 수단이 될 것입니다.

유튜브 키워드, 채널 분석 프로그램

채널이 어느 정도 성장 단계에 들어가면 키워드 분석 프로그램을 활용해 어떤 주제가 인기 있는지, 어떤 키워드로 많은 검색이 이루어지는지 미리 파악해 영상을 기획하는 것이 중요합니다.

유튜브에서 인기 키워드로 검색했을 때 검색 결과가 많지 않다면 상대적으로 경쟁이 덜한 콘텐츠란 뜻입니다. 또한 참고할 채널의 성과를 분석해 자신만의 차별화된 콘텐츠 전략을 세울 수도 있습니다.

대다수의 키워드 관련 프로그램들은 무료로 사용할 수 있는 기본 기능만으로도 충분히 유용하며 유료 서비스를 이용하면 더욱 전문적인 분석이 가능합니다. 한국에서 널리 추천되는 프로그램으로는 녹스 인플루언서, 블링 등 인플루언서, 키워드 검색 도구 그리고 구글 트렌드 등이 있습니다. 이 중 몇 가지를 조합해서 사용하면 더욱 정확한 분석이 가능합니다.

AI로 5초 만에 작곡하는 수노(SUNO)

유튜브 오디오 라이브러리에서 마땅한 배경음악을 찾을 수 없고, 유료 서비스의 가격이 부담된다면 수노(SUNO)가 딱 알맞은 대안이 될 수 있습니다. 수노는 AI를 활용해 원하는 배경음악을 생성할 수 있는 서비스입니다.

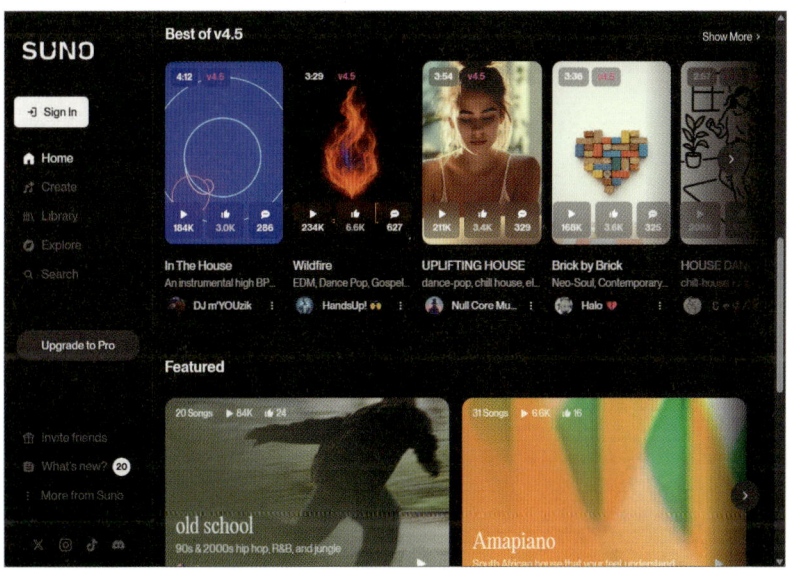

수노에서 AI로 생성된 다양한 음악

간단한 프롬프트로도 유튜브 영상에 맞는 고품질 음악을 쉽고 빠르게 제작할 수 있으며, 다양한 장르를 지원하므로 영상 분위기에 맞는 음악을 찾는 시간을 효율적으로 아낄 수 있습니다. 회원 가입 후 지급되는 무료 크레딧으로 시범 사용할 수 있으며, 기본 월 구독료 10달러로도 얼마든지 상업적 활용이 가능합니다.

- **수노** : www.suno.com

효과음 제작 사이트 일레븐랩스

AI 기반 내레이션, 효과음 생성 플랫폼으로 기본적으로 음성 제작에 특화된 서비스입니다. 유튜브 영상에 필요한 자연스러운 효과음을 찾기 힘들 때 간단한 프롬프트로 얼마든지 만들 수 있습니다. 회원 가입 후 지급되는 넉넉한 시범용 크레딧이 제공되며 기본 월 구독료는 5달러입니다.

- **일레븐랩스** : www.elevenlabs.io

재미있는 움짤(gif) 사이트

유튜브 영상을 둘러보면 간혹 영상 중간에 짤막한 움짤을 삽입해 재미 요소로 활용하는 경우가 많습니다. 아래 사이트들은 그런 움짤 파일을 모아놓은 사이트입니다. 검색창에 감정이나 각종 상황을 검색하면 그에 어울리는 움짤이 결과로 나타납니다.

- **지피** : www.giphy.com
- **테너** : www.tenor.com
- **임구르** : www.imgur.com

초보 유튜버를 위한 Q&A

Q 01 영상의 길이는 몇 분 정도가 적당한가요?

A 유튜브 영상의 적절한 길이는 콘텐츠 성격과 시청자 성향에 따라 다르지만, 일반적으로 5~10분 혹은 8~15분 정도가 가장 좋은 길이로 평가됩니다. 5~10분은 한 영상을 시청자가 이탈하지 않는 분량이고, 8분 이상이 되어야 중간 광고 삽입이 가능합니다. 8~15분은 시청자들이 집중력을 유지하면서도 충분한 정보를 얻을 수 있는 적당한 분량입니다.

가장 중요한 것은 시청 지속 시간(WT)입니다. 영상이 길어봤자 시청자들이 끝까지 보지 않고 중간에 이탈한다면 오히려 불리할 수 있습니다. 쇼츠를 제외한 대부분의 롱폼(일반 영상)은 10분 전후로 제작하는 것이 유리한 경우가 많습니다. 너무 짧으면 시청 시간을 쌓기 힘들고, 너무 길면 시청자들이 끝까지 보지 않을 가능성이 크기 때문입니다.

유튜브 알고리즘은 시청자가 플랫폼에 머무는 시간을 늘리는 것을 목표로 하므로, 영상이 너무 짧아 시청 지속 시간이 낮아지는 것보다는 적절한 길이로 시청자를 오래 붙잡아두는 것이 더 효과적입니다.

결국 영상의 길이는 콘텐츠 성격과 시청자 반응을 고려해 유연하게 조정하는 것이 좋으며, 처음에는 8~10분 사이의 영상을

초보 유튜버를 위한 Q&A

제작하고 반응을 분석하면서 최적의 길이를 찾아가는 것이 가장 좋은 방법입니다.

Q 02 유튜브 시작 시 필요한 장비와 스마트폰 촬영의 효과적인 활용 방법이 있을까요?

A 유튜브를 시작할 때 고급 카메라와 조명이 반드시 필요한 것은 아닙니다. 성공한 많은 유튜버들은 처음에 스마트폰만으로도 좋은 영상을 만들었고, 요즘 스마트폰의 카메라 화질은 더욱 뛰어납니다. 장비 구매보다는 콘텐츠 기획과 촬영 구도, 편집 기술을 익히는 것이 더 중요합니다.

스마트폰 촬영에서는 빛 활용이 핵심입니다. 실내에서는 창가 근처에서 촬영하고, 필요 시 가성비 좋은 링라이트나 소프트박스 조명을 사용하면 됩니다. 참고로 야외에서는 해가 머리 바로 위에 있는 정오보다 아침이나 늦은 오후 시간을 활용하면 자연스럽고 예쁜 조명 효과를 얻을 수 있습니다.

영상만큼 중요한 요소는 음질입니다. 기본적으로 음성이 제대로 들리지 않는다면 많은 사람들은 시청을 포기합니다. 스마트폰에 내장된 마이크는 촬영할 때 주변 소음을 많이 잡거나 음성이 작게 녹음될 수 있습니다.

따라서 명확한 음성 녹음이 필요하다면 **콘덴서 마이크**를 스마트폰에 연결해 녹화합니다. 현장 녹음이 아닌 후녹음의 경우 PC 등에 이러한 장비를 갖춰 녹음하는 것이 좋습니다. 요즘은 스마트폰용 무선 마이크도 잘 나오는 편입니다. 한정된 예산에서 가장 좋은 음질을 획득할 수 있는 제품을 선택하는 것이 좋습니다.

03 영상을 찍고 편집하는 데 시간이 오래 걸려요. 어떻게 하면 시간을 줄일 수 있나요?

A 처음 유튜브를 시작하면 영상 하나 제작하는 데 생각보다 많은 시간이 걸려 당황하는 경우가 많습니다. 단순한 5분짜리 영상도 몇 시간이나 며칠이 걸릴 수 있지만, 초반에는 시간이 드는 것이 당연하며 속도는 점차 높아집니다.

초반에는 기획 단계에서 콘텐츠의 핵심 메시지를 미리 정리하고 촬영과 편집의 큰 틀을 잡아두면 시행착오를 줄일 수 있습니다. 촬영 전에 대략적인 스크립트를 작성하거나 어떤 장면을 촬영할지 정리해놓는 것도 편집 시간 절약에 도움이 됩니다.

촬영할 때는 완벽주의를 버리는 것이 중요합니다. 한 장면을 여러 번 다시 찍기보다는 자연스럽게 넘어가는 것이 좋습니다. 시청자들은 완벽한 영상보다 진짜 사람의 목소리와 개성을 담은

초보 유튜버를 위한 Q&A

콘텐츠를 더 선호합니다.

편집에서는 캡컷이나 브루와 같은 쉬운 영상 편집 프로그램으로 기본 기능을 익히고, 화려한 그래픽보다는 영상의 흐름이 끊기지 않는 핵심적인 컷 편집에만 집중하는 것이 효과적입니다.

생산성 향상을 위해서는 촬영과 편집을 몰아서 하고, 자주 사용하는 자막 스타일과 배경음악을 미리 저장해 템플릿을 만들어두면 편집 시간을 크게 단축할 수 있습니다. 결국 **처음부터 완벽한 영상을 만들겠다는 생각을 버리고 제작 속도를 점점 올리는 과정에 익숙해지는 것이 가장 중요**합니다.

PART 05

구스마일이 알려주는
유튜브 성공 공식
비밀 노트

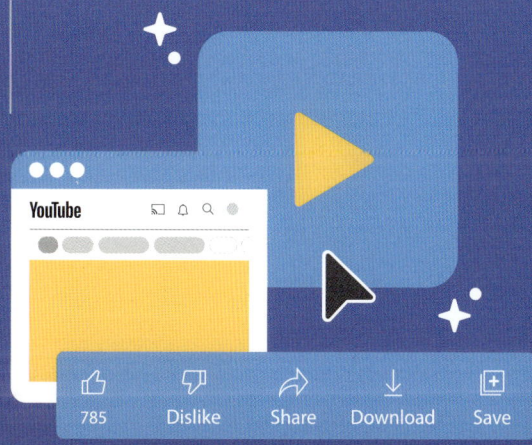

LESSON 01

유튜브로 돈 버는
다양한 방법을 알고 싶어요!

유튜브를 통한 수익 창출이 목적이라면 그 수익 구조를 이해해야 합니다. 유튜브 수익은 크게 플랫폼 내 광고 수익과 외주 광고 유치 두 가지 방식으로 나눌 수 있습니다.

유튜브 광고로 수익 창출하기

유튜브 영상 시청 시 표시되는 광고에서 발생한 수익 중 일부는 유튜버에게 지급됩니다. 이것이 흔히 말하는 조회수당 수익(CPM)입니다. 스킵 불가능 광고는 수익이 항상 발생하지만, 스킵 가능 광고는 시청자가 일정 시간 이상 시청해야 수익이 발생합니다. 일반적으로 광고를 끝까지 보는 시청자 비율은 10~15% 정도입니다. 유튜브 프리미엄 사용자의 경우에도 구글이 그 수익 일부를 유튜버에게 지급하여 광고 시청과 유사한 수익을 보장합니다.

광고 수익 단가는 국가, 시즌, 채널 특성에 따라 다르며 경매 방식으로 결정됩니다. 광고주들의 입찰가가 높을수록 유튜버의 수익도 증가합니다. 예컨대 크리스마스 시즌은 광고주 경쟁이 치열해 동일한 조회수라도 수익이 평소보다 두 배 가까이 높아질 수 있습니다.

조회수당 수익은 채널 주제에 따라 크게 달라지며, 자동차 리뷰와 같은 특정 분야는 일반 채널보다 단가가 높아 조회수당 수익이 더 큽니다.

구독자 수와 좋아요 수는 수익에 직접 영향을 주지 않지만, 조회수 증가에 중요한 역할을 하여 결과적으로 광고 수익 향상에 기여합니다.

외주 광고로 추가 수익 창출하기

외주 광고란 외부 업체와 직접 계약하여 영상에 간접 광고를 넣거나 전체 광고 영상을 제작하는 방식입니다. 광고 단가는 구독자 수, 최근 영상의 평균 조회수, 광고 방식(PPL 또는 전체 광고)에 따라 달라지며, 채널 규모에 따라 한 건의 계약이 유튜브 한 달 수익과 맞먹는 금액이 될 수도 있습니다.

외주 광고를 받는 첫 번째 경로는 메일을 통한 제안입니다. 기업들은 인플루언서를 지속적으로 찾고 있어 채널을 성실히 운영하면 제안 메일이 오기도 하므로, 유튜브 스튜디오의 [채널 맞춤설정] 화면에서 해당 항목에 메일 주소를 기입하도록 합니다.

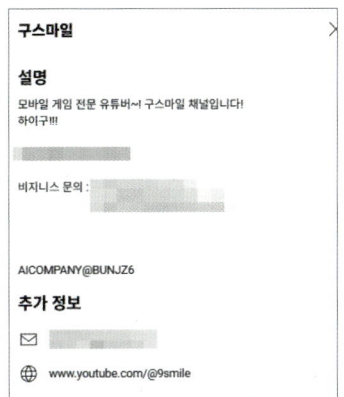

두 번째 경로는 유튜버와 기업을 연결해주는 대행사를 통한 광고 수주입니다. 대행사를 활용하면 쉽게 제안서를 등록하고 광고 기회를 얻을 수 있습니다. 제가 추천하는 대표적인 대행사로는 유커넥과 셀리픽이 있습니다.

- 유커넥 : www.uconnec.com
- 셀리픽 : cellypick.com/influencer.php

유커넥에 인플루언서로 가입하면 모집 중인 광고가 표시되어 자신의 채널에 적합한 광고를 지원할 수 있으며, 소규모 간접 광고부터 대형 프로젝트까지 다양한 규모의 광고 기회가 있습니다.

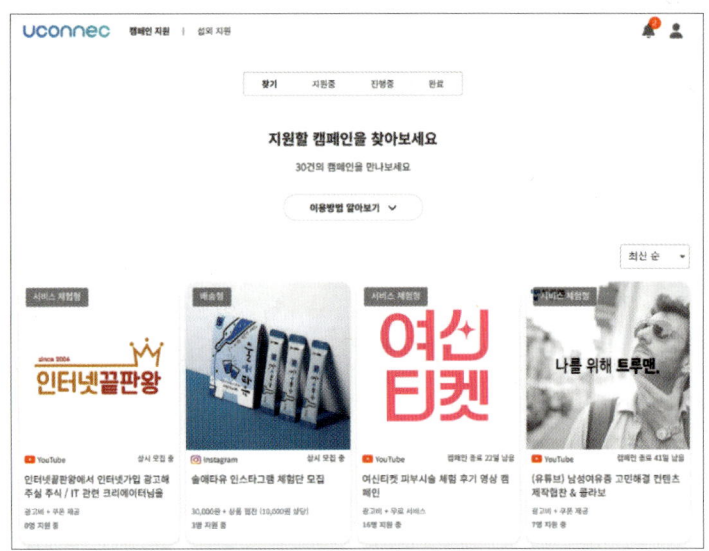

광고(캠페인) 지원을 통해 광고 유치가 가능한 유커넥

셀리픽은 채널을 통해 발생한 판매 수익의 일부를 받는 구조로, 쿠팡 파트너스와 유사하지만 마진률이 더 높습니다. 셀러 전용 URL을 발급받아 영상에 링크를 첨부하고 이를 통한 판매 수익의 일부를 얻는 방식입니다.

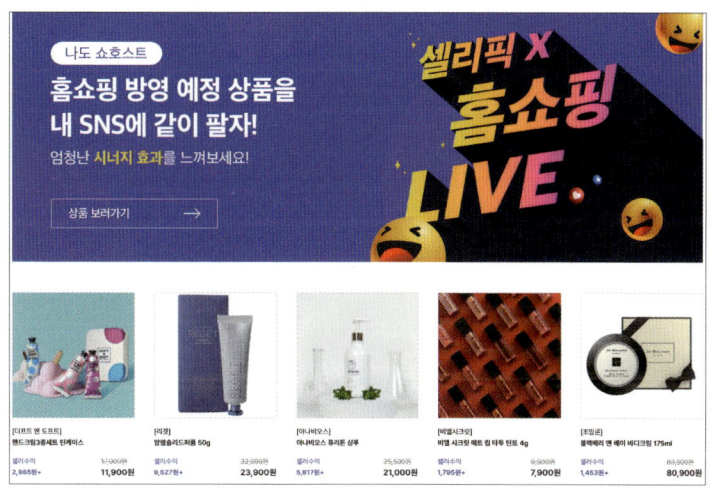

판매 수익의 일부를 얻을 수 있는 셀리픽

유튜브를 활용한 사업체 고객 유입하기

유튜브를 통한 간접적인 수익 창출 방법도 있습니다. 학원이나 인테리어 업체처럼 오프라인 사업이나 특정 상품(서비스)을 제공하는 사업체의 경우, 유튜브 자체 수익보다는 채널을 통한 실제 고객 유입에 가치를 둘 수 있습니다.

예를 들어 1,000회 조회당 약 1,000원의 광고 수익이 발생하더라도, 그중 한 명이라도 실제 고객으로 연결된다면 훨씬 더 큰 수익으로 이어질 수 있습니다. 이러한 이유로 많은 사업체들은 조회수보다 잠재 고객 유입에 초점을 맞추고 있습니다

유튜브는 단순한 영상 플랫폼을 넘어 다양한 수익 창출 수단이 됩니다. 플랫폼 내 광고와 외주 광고를 통한 직접 수익부터 사업체 고객 유입까지, 목적과 상황에 맞는 전략을 선택하여 수익을 극대화하는 것이 중요합니다.

유튜브 쇼핑 기능 활용하기

유튜브가 쇼핑 플랫폼으로도 진화하고 있는 것, 알고 계신가요? 유튜브를 돌아다니다 보면 영상 하단에 제품 정보가 표시되기도 하는데, 이것이 바로 유튜브 쇼핑 기능입니다.

쇼핑 기능을 활용하면 영상에서 소개한 제품을 직접 구매할 수 있는 링크를 제공할 수 있습니다. 특히 리뷰나 언박싱 콘텐츠를 제작하는 유튜버에게 유용한 수익 창출 수단이 됩니다.

쇼핑 기능의 핵심은 영상과 연결된 제품을 직접 표시해주며, 시청자는 클릭 한 번으로 제품을 구매할 수 있고 유튜버는 광고 수익 외에도 쇼핑 수익을 추가로 얻을 수 있다는 점입니다. 즉, 시청자, 유튜버, 브랜드 모두에게 유익한 기능입니다.

다만, 쇼핑 기능을 활용할 수 있는 대상은 제한적입니다. 유튜브 파트너 프로그램(YPP) 가입자, 수익 창출이 활성화된 채널, 제품을 판매하기 위한 자격을 갖춘 브랜드나 유튜버여야 합니다.

> **TIP** 예를 들어 브랜드 공식 채널이나 쇼핑몰을 주요 비즈니스로 운영하는 유튜버(전자기기 리뷰, 패션, 뷰티 크리에이터)라면 쇼핑 기능을 활용할 확률이 높습니다.

쇼핑 기능을 활용하려면 유튜브 스튜디오에서 [채널 수익 창출] 화면으로 이동해 쇼핑 기능을 활성화하고 해당되는 제품을 선택합니다. 직접 운영하는 쇼핑몰이 있다면 구글 판매자 센터 계정을 연결하여 제품을 등록하고 유튜브 쇼핑과 연동할 수 있습니다.

이후 영상을 편집하고 업로드할 때 제품을 태그하고 제품이 영상 속에서 자연스럽게 노출되도록 합니다. 예를 들어, '아이폰 15 프로 리뷰' 영상을 제작하고 영상 하단에 '아이폰 15 프로' 구매 버튼을 노출하는 방식으로 운영합니다. 시청자가 버튼을 클릭하면 브랜드의 공식 판매 페이지로 이동합니다.

쇼핑 기능을 활용하면 광고 수익과 쇼핑 수익 두 가지를 동시에 챙길 수 있습니다. 수익을 극대화하는 전략으로는 **첫째,** 영상과 연관성이 높은 제품을 선택하는 것입니다. 게임 유튜버라면 인기 게임의 관련 굿즈나 장비, 뷰티 유튜버라면 메이크업 제품, IT 리뷰 유튜버라면 스마트폰이나 노트북 액세서리를 소개하는 것이 좋습니다.

둘째, 단순한 광고가 아닌 유용한 정보를 제공해야 합니다. 제품을 직접 사용해보고 시청자에게 가치를 주는 콘텐츠를 제작하는 것이 중요합니다.

셋째, 구독자(소비자)의 신뢰를 얻는 것입니다. 제품을 진솔하게 리뷰하고 단점까지 전달하면 신뢰를 기반으로 한 쇼핑 기능 활용이 장기적인 수익으로 연결됩니다.

이제 유튜브는 커머스 플랫폼으로도 성장하고 있습니다. 수익 창출 단계에서 유튜브 쇼핑 기능을 적극 활용하면 부가적인 수익을 창출할 기회가 열리게 될 것입니다.

이렇게 하면
채널이 급격히 성장한대요!

채널 급성장을 위한 핵심 공식

저는 구독자 2만 명 시절부터 구글 주최 유튜버 세미나에 꾸준히 참석해왔습니다. 구글이 말하는 채널 급성장의 핵심 비결은 한 문장으로 요약됩니다.

'시청자들이 내 영상에 오래 머무르게 하라'

너무 당연하게 들릴 수 있지만 구글이 가장 중요시하는 지표입니다. 이 원칙은 간단한 공식으로 정리할 수 있습니다.

클릭률 × 시청 지속 시간

클릭률(CTR)과 시청 지속 시간(WT)을 곱한 값이 클수록 영상의 성공 가능성이 높아지고 유튜브 알고리즘의 지원을 받아 더 많은 노출과 조회수를 얻게 됩니다. 따라서 채널의 성공적인 성장을 위해서는 클릭률을 높이고 시청 지속 시간을 늘리는 데 집중해야 합니다.

클릭률을 높이는 방법

클릭률을 높이려면 시청자의 호기심을 자극하는 섬네일과 문구가 중요합니다. 뻔한 섬네일은 호기심을 불러일으키지 못합니다. '다음 장면에서 어떻게 될까'라는 궁금증을 유발해야 합니다.

예를 들어 게임 영상 섬네일에서는 캐릭터가 펀치를 맞고 넘어지는 장면보다 펀치가 막 닿기 직전의 긴장감 넘치는 순간을 사용하는 것이 효과적입니다.

문구도 마찬가지입니다. 저의 드라마 채널에서 200만 회 조회된 〈더 글로리〉(2022~2023) 리뷰 영상의 문구는 '충격의 하도영! 그는 사실 ○○ 때문에 죽였다'였습니다. ○○이 무엇인지에 대한 호기심이 클릭을 유도했습니다.

또한 시청자가 듣고 싶어하는 이야기를 파악하는 것이 중요합니다. 180만 회 조회수 영상은 '박연진 받은 벌 13가지+이후 받게 될 세 가지 벌들'이라는 문구를 사용했습니다. 이는 사악한 캐릭터가 천벌을 받길 바라는 시청자들의 마음을 정확히 겨냥한 것이었습니다. 어떤 주제의 채널이든 **사람들이 가장 듣고 싶어하는 이야기를 파악하면 클릭률을 높일 수 있습니다.**

시청 지속 시간을 늘리는 방법

클릭률을 높여 시청자의 선택을 받았다면 시청 지속 시간도 늘려야 합니다. 아무리 클릭률이 높아도 이탈률이 높으면 알고리즘은 노출을 중단합니다. 높은 이탈률은 '이 영상이 시청자들을 실망시킨다'고 알고리즘이 판단하기 때문입니다.

시청자가 영상에 오래 머물게 하려면 우선 섬네일에서 자극한 궁금증이 거짓이 아니어야 하며 영상 초반에 그 궁금증을 빠르게 짚어줘야 합니다. 해답이 영상 후반에 나온다면 결론을 살짝 언급한 후 자세히 설명하겠다고 하며 영상을 이어가는 것이 좋습니다. 짧게 끝나는 결론이라면 억지로 끌지 말고 초반에 설명하되 동시에 새로운 궁금증을 제시해야 시청자들이 영상을 계속 시청합니다.

예를 들어, "○○은 이것입니다. 그렇다면 ○○이 일어날 수밖에 없었던 이유는 무엇일까요?"처럼 다음 궁금증으로 연결되는 방식이 효과적입니다. 또는 해답 부분에 '삐-' 처리를 하되 영상에서 분명히 답을 제공한다는 신뢰를 주는 것도 좋은 방법입니다.

시청자가 원하는 이야기로 클릭을 유도한 경우라면 영상 초반에 그 내용의 맛보기를 보여주는 것이 좋습니다. 보고 싶은 내용이 확실히 포함되어 있다는 신뢰를 주는 것입니다.

채널 급성장을 위해선 시청자들이 흥미를 가지고 오래 시청할 요소를 적극 활용하는 것이 좋습니다. (이미지 생성 AI로 제작)

사실 이런 팁이 없어도 영상 자체가 잘 만들어졌다면 시청 지속 시간은 자연스럽게 높아집니다. 편집을 간소화하는 저는 영상 품질보다 전략적 팁을 활용하여 좋은 성과를 거두었습니다. 물론 품질이 높은 영상에 이런 팁을 더하면 더욱 좋은 결과를 얻을 수 있겠죠?

LESSON 03

숏폼이 중요할까요? 롱폼이 중요할까요?

쇼츠가 대세라지만 채널 성장이라는 장기적 관점에서는 롱폼(일반 영상)을 잘 제작하는 것이 시청 시간 증가와 빠른 수익화에 유리합니다. 롱폼 영상 하나를 제대로 만든 후 여기서 여러 개의 쇼츠를 추출해 활용하는 것이 효율적인 방법입니다.

요즘 유튜브를 둘러보면 저품질 쇼츠가 많죠? 이런 때에 품질 높은 롱폼 콘텐츠로 쇼츠를 뒷받침한다면 시청자를 유입하는 데 큰 역할을 할 것입니다.

채널 성장의 진또배기는 롱폼이다

쇼츠가 유튜브의 대세가 된 것은 부정할 수 없습니다. 짧고 강렬한 영상이 빠르게 확산되면서 많은 유튜버들이 쇼츠로 구독자를 늘리고 채널을 성장시키고 있습니다. 하지만 롱폼 콘텐츠의 중요성을 간과해서는 안 됩니다. 오히려 쇼츠와 롱폼을 균형 있게 운영하는 것이 장기적으로 더 유리합니다. 저는 힘주어 말합니다. **'결국 진또배기는 롱폼이다'**라고.

쇼츠와 롱폼의 가장 큰 차이점은 시청자와의 관계 형성 방식입니다. 쇼츠는 빠른 유입을 돕지만 시청자가 채널에서 금방 떠날 가능성이 높습니다. 반면 롱폼 콘텐츠는 깊이 있는 정보를 제공하며 시청자와 신뢰를 쌓을 수 있습니다.

롱폼 채널과 쇼츠 채널 중 무엇을 할지 고민하지 말고 동시에 활용하는 것이 좋습니다. (이미지 생성 AI로 제작)

예를 들어 자동차 리뷰 채널에서 쇼츠는 '이 자동차의 숨겨진 기능 세 가지!'처럼 핵심 특징을 30초 내외로 전달해 조회수를 높일 수 있습니다. 그러나 실제 구매를 위해 정보를 찾는 시청자들은 10분 이상의 롱폼 리뷰를 통해 결정을 내립니다. 결국 수익성과 장기적 성장은 롱폼에 달려있습니다.

쇼츠는 제작이 간편하고 쇼츠 피드에서 쉽게 노출되는 장점이 있는 반면, 롱폼은 유입 속도가 느리지만 안정적인 수익을 보장합니다. 쇼츠로 유입을 늘리고 롱폼으로 신뢰도를 구축하는 것이 바람직합니다.

① **먼저 롱폼을 기획하고 쇼츠를 활용하는 방식**

단순히 쇼츠를 제작하기보다는 롱폼 콘텐츠를 만든 후 그 안에서 쇼츠를 추출해 활용하는 전략이 효과적입니다. 예를 들어 10분 길이의 롱폼에서 두세 개의 쇼츠를 뽑아 업로드하면 하나의 콘텐츠를 다양하게 활용할 수 있습니다. 이렇게 하면 쇼츠와 롱폼이 서로 시너지를 내며 채널을 성장시킬 수 있습니다.

② 쇼츠는 흥미를, 롱폼은 깊이 있는 정보를 제공하는 방식

쇼츠에서는 '이걸 몰랐다면 후회할 뻔!'과 같은 짧고 강렬한 메시지로 클릭을 유도하는 것이 효과적입니다. 롱폼에서는 '이 제품을 1년 동안 써보고 내린 결론'처럼 구체적인 정보를 제공해야 합니다.

③ 시리즈형 콘텐츠를 기획하는 방식

하나의 롱폼을 여러 개의 쇼츠로 분할하면 연속 시청을 유도할 수 있습니다. 예를 들어 '부동산 투자 3단계' 롱폼 영상을 만들었다면 부동산 기초/투자 전략/실전 사례로 나누어 쇼츠로 활용할 수 있습니다.

④ 쇼츠로 유입을 늘리고, 롱폼으로 수익을 확보하는 방식

쇼츠는 새로운 시청자를 유입시키고 롱폼은 그들을 구독자로 전환시키며 높은 수익을 창출합니다. 제 채널에서 동일한 조회수 기준으로 롱폼의 수익은 쇼츠의 약 10~30배에 달합니다.

채널 성장 단계에 따른 콘텐츠 비율 조정이 중요합니다. 초반에는 쇼츠 비중을 높게 운영하다가 채널이 안정되면 롱폼 비중을 점차 늘리는 것이 효과적입니다. 롱폼이 주축이 되고 쇼츠는 홍보와 보조 역할을 맡는 구조가 이상적입니다.

롱폼을 먼저 제작한 후 그 내용을 쇼츠로 활용하는 전략이 가장 효율적이며, 유튜브를 장기적으로 운영할 계획이라면 쇼츠로 빠른 유입을 확보하고 롱폼으로 신뢰와 수익을 쌓는 전략이 바람직합니다.

LESSON 04

알고리즘을 망치는 나쁜 습관 : 채널 성장의 함정

"왜 내 채널은 잘 안될까?"라고 고민하는 분들이 많습니다. 영상 제작은 물론 섬네일과 제목에도 신경 썼는데 조회수가 나오지 않는다면 유튜브 알고리즘을 망치는 실수를 하고 있는지 점검해봐야 합니다.

알고리즘은 시청자의 행동 데이터를 기반으로 학습합니다. 시청자들이 어떤 영상을 클릭하고 얼마나 오래 시청하는지, 영상 시청 후 어떤 행동을 하는지 분석해 추천 영상을 결정합니다. 알고리즘이 정상적으로 학습할 기회를 주지 않고 혼란을 주는 실수를 반복하면 채널 성장이 지체됩니다. 알고리즘을 망치는 대표적인 나쁜 습관들을 살펴보겠습니다.

❶ 갑자기 주제를 변경하지 말자

채널을 운영하다보면 처음 계획했던 영상이 반응이 없거나 새로운 아이디어가 떠오를 때가 있습니다. 그럴 때 "이거 말고 다른 걸 해볼까?"하는 생각이 듭니다.

문제는 알고리즘이 시청자의 관심을 분석해 추천 영상을 최적화하는 시스템이라는 점입니다. 갑자기 주제가 바뀌면 기존 시청자들이 이탈하는 문제도 있지만, 알고리즘이 "이 채널의 주제와 타깃층은 누구지?"하며 혼란에 빠집니다. 새로운 주제를 추가하고 싶다면 기존 주제와 연관성이 있도록 천천히 확장하는 것이 해결책입니다. 따라서 주제 변경은 신중해야 합니다. 기존 주제는 최대한 유지하며 주제를 확장하거나 연관된 주제로 조금씩 변경해보세요.

예를 들어 게임 공략 채널을 운영하다가 갑자기 다이어트 브이로그를 올리거나, 부동산 투자 채널을 운영하다가 갑자기 먹방으로 가는 것보다는 게임 공략에서 게임 리뷰, 게임 뉴스로 발전시키거나, 부동산 투자 채널에서 시작했다면 재테크, 경제 뉴스 등 연관성 높은 주제로 확장하는 방식입니다. 이러한 방식이라면 기존 알고리즘에 문제가 되지 않으면서, 동시에 채널 주제를 확장하고 변경할 수 있는 좋은 기회가 될 것입니다.

❷ 지인들에게 채널을 알려주지 말자

유튜브를 시작할 때 하는 가장 흔한 실수는 가족, 친구, 지인들에게 채널을 알리는 것입니다. 하지만 "내 유튜브 채널 좀 봐줘!"라고 부탁하는 행동은 오히려 문제가 될 수 있습니다.

지인들은 내 콘텐츠에 관심이 있어서가 아니라 호의로 클릭하는 경우가 많기 때문입니다. 영상의 실제 타깃층이 아닌 사람들이 영상을 클릭하면 알고리즘이 잘못된 데이터를 학습하게 됩니다.

가족, 친구, 직장 동료들이 내 채널을 구독하고 영상에 좋아요를 눌러도 이들의 관심사가 아니라면 영상을 몇 초 보고 이탈할 확률이 높습니다. 이러면 시청 지속 시간(WT)이 당연히 낮아지겠죠? 마음이 급하겠지만 콘텐츠에 진정한 관심이 있는 타깃층이 알고리즘을 통해 자연스럽게 유입되도록 기다리는 것이 상책입니다.

유튜브는 채널 성장 초반의 데이터를 매우 중요하게 분석합니다. 따라서 강제로 구독을 부탁하거나 관심 없는 사람들에게 홍보하지 않는 것이 좋습니다.

❸ 공개 채팅방과 커뮤니티에서 품앗이하지 말자

앞의 내용에 이어서 일부 SNS에서 권장되는 '서로 구독해주기' 같은 품앗이 방식은 유튜브에서는 위험한 전략입니다. 일부 커뮤니티에서는 서로 구독하고 좋아요를 누르면 채널이 성장한다고 말하지만, 이는 알고리즘을 망치는 최악의 실수입니다.

구독 품앗이를 하면 구독자 수는 급격히 늘어날 수 있지만, 그 사람들이 내 영상에 관심이 없다면 시청 시간이 극도로 낮아집니다. 알고리즘은 이를 어뷰징(정당하지 못한 방식)이나 구독자 대비 조회수가 낮은 채널로 인식하게 되고 결국 알고리즘 추천을 줄이게 됩니다.

채널 성장에 있어서는 구독자 수보다 실제 시청자가 중요함을 항상 기억해야 합니다. 유튜브는 구독자 수보다 시청 데이터를 가장 중요하게 평가합니다. 채널 성장 초반의 가장 좋은 신호는 구독자 수의 증가도 있겠지만, 무엇보다도 영상 조회수와 시청 시간에 먼저 신경 쓰는 것이 좋습니다.

❹ 구글 애드센스로만 돈 벌 생각하지 말자

유튜브 수익화의 대표적인 방식은 구글 애드센스 광고 수익이지만, 이외에도 다양한 수익원이 있음을 기억해야 합니다. 특히 조회수만으로 월 100만 원을 벌기 쉽지 않다는 사실을 미리 알아야 지치지 않습니다.

우선 채널이 성장하는 단계에 들어서면 다양한 수익 모델을 고민해야 합니다. 유튜브 수익화 방법은 다음과 같습니다.

첫째, 외주 광고와 브랜드 협찬입니다. 기업과 광고 계약을 맺어 광고 영상을 제작하면 애드센스보다 훨씬 높은 수익을 올릴 수 있습니다.

둘째, 유료 멤버십과 후원이 있습니다. 유튜브 채널 멤버십을 활성화해 팬층을 확보하고 유튜브 슈퍼챗 등의 후원 시스템을 활용할 수 있습니다.

셋째, 제휴 마케팅(어필리에이트 마케팅)이 있습니다. 특정 제품을 리뷰하고 구매 링크를 통해 수익을 발생시키는 방식으로 쿠팡 파트너스, 네이버 스마트스토어 등과 연계할 수 있습니다.

넷째, 굿즈와 온라인 강의가 있습니다. 자신의 브랜드를 만들어 상품을 판매하거나 자신만의 강의를 제작해 유료로 운영할 수 있습니다.

📒 구스마일의 돈 버는 유튜브 실천 노트

유튜브 알고리즘을 망치는 나쁜 습관 네 가지 요약
- 갑자기 주제를 변경하지 말자 → 유튜브가 디깃츙을 인식할 시간을 줘야 한다.
- 지인들에게 홍보하지 말자 → 타깃이 맞지 않으면 알고리즘이 혼란스러워진다.
- 품앗이 구독은 절대 금지 → 유령 구독자는 오히려 채널 성장에 방해가 된다.
- 구글 애드센스 수익에만 의존하지 말자 → 다양한 수익 모델을 가져야 한다.

채널 운영할 때
이건 꼭 주의하세요!

유튜브 채널 운영 시 반드시 주의해야 할 네 가지

유튜브 채널 성장 과정에서 실수하면 돌이킬 수 없는 결과를 초래할 수도 있습니다. 처음에는 사소하게 생각했던 행동이 유튜브 알고리즘에 악영향을 미치거나 채널 운영에 심각한 문제를 일으킬 수 있습니다.

많은 초보 유튜버들이 빠른 성장과 즉각적인 수익을 원하며 위험한 선택을 하곤 합니다. 단기간에 조회수를 올리거나 구독자 수를 늘리는 편법은 결국 채널의 지속 가능성을 해치게 됩니다. 채널 운영 시 반드시 주의해야 할 핵심 사항들을 살펴보겠습니다.

① 선정적, 자극적인 콘텐츠로 성장을 꾀하지 마세요

유튜브에서 가장 빠르게 성장하는 콘텐츠 중 하나는 선정적이고 자극적인 콘텐츠입니다. 쉽게 관심을 끌고 클릭을 유도할 수 있기 때문입니다.

문제는 유튜브가 채널 초반에는 AI로 콘텐츠를 검토하지만 일정 수준 이상 성과를 낸 콘텐츠는 사람이 직접 검토할 수 있습니다. 즉 처음에는 괜찮아보여도 일정 기간이 되면 모든 문제가 드러나게 됩니다. 또한 AI 검토 기술도 계속 발전하고 있어 문제는 더 쉽게 발견될 수 있습니다.

특정 인물이나 단체를 과도하게 공격하는 폭로 콘텐츠, 섬네일과 제목을 과하게 자극적으로 만들어 클릭을 유도하는 선정적인 영상, 법적 문제나 사회적 이슈를 악용하는 극단적인 도전 콘텐츠가 여기에 해당합니다.

최근에는 피가 나오는 장면이나 폭력적인 표현, 욕설 부분의 필터링도 점차 강화되고 있습니다. 드라마나 영화를 다룬 채널에서 부쩍 영상 검열이 많이 이루어지는 것은 이런 추세와 무관하지 않습니다.

유튜브는 신뢰를 기반으로 성장해야 합니다. 처음부터 잘못된 방식으로 성장하면 모든 것이 무너질 위험 또한 커집니다.

② 부정행위로 성장을 노리지 마세요

예전에는 알고리즘이 허술하여 봇 프로그램을 사용하거나 부정 클릭으로 조회수를 올리는 방식이 통하던 시절도 있었습니다. 현재 유튜브의 AI 알고리즘은 상상을 초월할 정도로 정교하게 발전했습니다.

유튜브는 특정 프로그램을 이용해 인위적으로 조회수를 올리는 클릭봇 사용과 본인이 여러 기기로 자기 채널의 영상을 반복 재생하는 등의 부정행위를 철저히 감지하고 있습니다.

이러한 부정행위가 적발되면 구글 애드센스 수익이 정지되거나 최악의 경우 채널이 삭제될 수도 있습니다. 유튜브는 장기적인 신뢰 기반의 채널 운영이 중요합니다. 처음부터 편법을 사용하면 언젠가는 알고리즘에 의해 적발되거나 채널의 성장이 막히게 될 것입니다.

③ 해킹을 조심하세요, 특히 광고 제안 메일 주의

채널이 어느 정도 성장하면 외주 광고 제안이 들어오게 됩니다. 그런데 문제는 광고 제안을 빙자한 해킹 메일이 많다는 점입니다.

해커들의 주요 수법은 광고 제안 메일을 보낸 후 첨부파일(광고 제안서)을 열도록 유도하고 파일 안에 악성코드를 심어 유튜브 계정을 탈취하는 방식입니다. 실제로 광고 제안 메일을 받고 PC나 스마트폰에서 파일을 열었다가 유튜브 계정이 해킹되어 채널 소유권이 넘어가고 해커가 채널을 이용해 가짜 광고 영상을 송출하는 사례가 빈번합니다.

광고 제안 메일을 받을 때는 첨부파일이 있는 경우 반드시 백신 프로그램으로 검사 후 열도록 하고, 출처가 불분명한 메일은 절대 열지 않으며, 공식 기업 메일인지 확인하고, 구글 2단계 인증을 설정해 보안을 강화하는 것이 중요합니다.

채널이 성장할수록 해커들의 타깃이 될 가능성이 높아지므로 안전한 채널 운영을 위해 보안 수칙을 철저히 지켜야 합니다.

④ 분석에 지나치게 집착하지 마세요

유튜브 스튜디오의 분석 기능은 채널 성장에 매우 중요한 역할을 합니다. 하지만 너무 깊게 분석에 빠지면 오히려 채널 운영에 해가 될 수 있습니다.

집중해야 할 데이터는 세 가지입니다. **첫째,** 클릭률(CTR)로 사람들이 얼마나 내 섬네일을 클릭하는지 측정합니다. **둘째,** 시청 지속 시간(WT)으로 시청자들이 영상을 끝까지 보았는지 확인합니다. **셋째,** 개별 조회수보다는 어떤 유형의 콘텐츠가 반응이 좋은지 트렌드를 분석합니다.

반면 집착하지 말아야 할 것은 조회수 변화에 일희일비하는 것입니다. 유튜브는 변동성이 심한 플랫폼이므로 조회수에 예민해지지 말아야 합니다. 또한 지인들의 반응에 휘둘리지 말고 본질에 집중해야 합니다.

유튜브의 성공은 장기전입니다. 조회수가 순간적으로 떨어지더라도 전체적인 성장 곡선을 보면서 운영하는 것이 중요합니다.

> **구스마일의 돈 버는 유튜브 실천 노트**
>
> **유튜브 채널 운영 시 주의해야 할 점 네 가지 요약**
> - 선정적이고 자극적인 콘텐츠를 피하라 → 유튜브는 이를 검토하고 제재할 것이다.
> - 부정행위를 하지 마라 → 유튜브 알고리즘은 점점 똑똑해지고 있다.
> - 광고 제안 메일 해킹을 조심하라 → 첨부파일을 열기 전 검사하고 검토하라.
> - 지나친 분석을 피하라 → 장기적인 성장 전략을 세우는 것이 중요하다.

LESSON 06
구글이 말하는 잘되는 채널의 10가지 공통점은?

구글 세미나에서 구글이 밝힌 '잘되는 콘텐츠의 십계명'이 있습니다. 저 역시 이 원칙들을 항상 지키지는 못하지만, 이 원칙을 알고 있는 것만으로도 콘텐츠를 구상하는 방향이 달라집니다.

〈잘되는 콘텐츠의 십계명〉
공유성, 대화, 상호작용, 일관성, 타기팅, 지속 가능성,
검색 가능성, 접근성, 콜라보레이션, 아이디어 얻기

❶ 공유성 : 사람들이 공유할만한 콘텐츠인가?

내가 만드는 콘텐츠가 공유할 가치가 있는지 생각해보는 것이 중요합니다. 요즘 화제가 되는 주제인지, 지인들에게 "이거 봐!"라며 공유하고 싶은 요소가 있는지 검토해보세요. 사람들이 카카오톡으로 내 영상을 공유할 정도의 가치와 정보가 있다고 생각한다면 성공할 콘텐츠가 될 가능성이 높습니다.

❷ 대화 : 시청자들과 소통하고 있는가?

이 질문은 단순히 라이브 스트리밍으로 시청자들과 대화하라는 의미가 아닙니다. 영상에서 "여러분은 어떻게 생각하세요?" 또는 "댓글로 의견을 나눠보세요!"와 같이 시청자와 소통하는 방식을 말합니다.

게임 채널에서는 라이브 스트리밍으로 직접 대화하고, 드라마 리뷰 채널에서 예고편을 분석할 때 "저는 이렇게 생각하는데, 여러분의 생각은 어떠세요? 댓글로 이야기를 나눠보아요!"라는 식으로 시청자와 소통하는 것이 효과적입니다.

❸ 상호작용 : 시청자와 상호 교류하고 있는가?

유튜브에서는 시청자의 댓글에 유튜버가 좋아요를 누르거나 대댓글을 다는 것만으로도 유대감을 형성할 수 있습니다. 단순히 좋아요만 누르기보다 짧은 피드백이나 공감하는 답변을 남기는 것이 시청자 참여도를 높입니다.

적극적으로 소통하며 상호작용하는 것
역시 채널 성장의 중요한 요소입니다. (이미지 생성 AI로 제작)

예를 들어 "이 영상 덕분에 많은 도움이 됐어요!"라는 댓글에 "도움이 되셨다니 기쁩니다! 앞으로도 유익한 영상 만들도록 노력하겠습니다!"라고 답하면 구독자와 친밀도가 높아지겠죠? 이런 소통이 반복되면 시청자는 신뢰를 갖게 되고 충성도 높은 구독자가 됩니다.

또한 "좋아요가 500개를 넘으면 다음 영상에서 추가 꿀팁을 공개하겠습니다!"와 같은 '좋아요 공약'으로 시청자들에게 행동을 유도하는 것도 효과적입니다.

❹ 일관성 : 일관된 콘텐츠를 만드는가?

채널 성장을 위해서는 구독자들의 꾸준한 관심이 필요하며, 이를 위해 시청자들이 기대하는 콘텐츠를 계속 제공해야 합니다. 여기서 시청자들이 기대하는 콘텐츠란 일관성 있는 콘텐츠를 의미합니다.

시청자가 좋아한 영상이 내 채널의 다른 콘텐츠와 연관성이 있는지도 중요합니다. 영상이 마음에 들었는데 채널에 들어와 보니 전혀 다른 주제를 다루고 있다면 구독으로 이어지지 않습니다. 일관되고 꾸준한 콘텐츠는 시청자를 채널 홈 화면으로 유도하고 구독 결정으로 이끕니다. 이러한 심리를 이해하는 유튜버와 그렇지 않은 유튜버의 구독자 증가율은 큰 차이를 보입니다.

❺ 타기팅 : 시청자가 누구인지 파악했는가?

시청자의 성별과 연령대를 파악하고 대상에 맞는 콘텐츠를 제공하는 것이 중요합니다.

타기팅은 누구를 위해 영상을 만드는지 정의하는 과정입니다. 모든 시청자를 만족시키려 하면 확실한 인상을 남기지 못하므로 명확한 타깃층을 설정하고 최적화된 콘텐츠를 제공해야 합니다.

우선 내 채널에 많이 유입되는 시청자의 성별과 연령대 분석이 필수적입니다. 10대는 트렌디한 편집과 빠른 템포를 선호하는 반면, 40대 이상은 차분하고 신뢰감 있는 설명을 선호하는 것이 일반적입니다.

언행과 표현 방식도 타깃층에 맞춰야 합니다. 젊은층에게는 트렌디한 밈이나 유행어가 친근감을 주지만, 중장년층에게는 차분하면서도 묵직한 어조가 더 효과적입니다.

유튜브 성공의 핵심은 내 콘텐츠의 대상을 명확히 정의하는 것입니다. 타깃층이 확실할수록 더 많은 공감을 얻고 충성도 높은 시청자를 확보할 수 있습니다.

❻ 지속 가능성 : 꾸준히 만들 수 있는 주제인가?

유튜브에서 한두 개의 영상이 인기를 얻었다고 해서 그것이 성공을 의미하지는 않습니다. 채널의 지속적인 성장을 위해서는 정기적으로 콘텐츠를 생산할 수 있어야 하며 장기적으로 다룰 수 있는 주제를 선택해야 합니다.

예를 들어 포토샵 강의 채널을 운영한다면, 초반에는 기초부터 고급 과정까지 세부 기능을 하나씩 강의할 수 있습니다. 그러나 모든 기능을 다 설명하고 나면 더 이상 올릴 콘텐츠가 없을 수 있습니다.

이런 문제를 해결하는 방법 중 하나는 시청자와의 상호작용을 활용하는 것입니다. 단순한 강의 영상뿐 아니라 시청자들의 포토샵 작업물을 받아 직접 수정해주는 라이브 스트리밍을 진행하는 것이 좋은 예시입니다. '시청자의 섬네일을 클릭 잘되게 만들어드립니다'와 같은 코너는 지속적인 콘텐츠 생산과 시청자와의 소통을 강화하는 효과가 있습니다.

또 다른 방법으로는 포토샵을 활용한 다양한 실전 프로젝트를 진행하는 콘텐츠를 추가하는 것입니다. 예를 들면,

- 포토샵으로 영화 포스터 따라 만들기
- 기업 로고 리디자인하기
- 포토샵으로 3D 스타일 텍스트 만들기

이렇게 포토샵을 활용한 실전 사례를 보여주는 방식으로 운영하면, 기존의 강의 영상이 끝나더라도 지속적으로 콘텐츠를 만들 수 있습니다.

이 원리는 다른 주제의 채널에도 동일하게 적용할 수 있습니다. 예를 들어 요리 채널이라면 기본 레시피 영상만으로 끝내지 않고 시청자들에게 냉장고 속 재료를 보내달라고 요청해 그 재료로 요리를 만들어주는 콘텐츠를 진행할 수도 있습니다.

채널을 장기적으로 운영하려면 내가 선택한 주제가 꾸준히 콘텐츠를 만들 수 있는 구조를 가지고 있는지 고민하는 것이 중요합니다. 단기적인 조회수에 집중하기보다 시청자들과 함께 호흡하며 콘텐츠를 지속적으로 발전시키는 방법을 고민하는 것이 성공의 핵심입니다.

❼ 검색 가능성 : 사람들이 검색할만한 주제인가?

유튜브에서 많은 사람들이 검색하는 주제는 단순한 조회수를 넘어 잠재적인 시청자 풀이 크다는 것을 의미합니다. 이 원리를 이해하면 유튜브 주제를 선정할 때 내가 하고 싶은 콘텐츠가 얼마나 많은 시청자들에게 도달할 수 있는지 고려해야 함을 알 수 있습니다.

검색량이 높은 주제를 선택하면 얻을 수 있는 장점은 세 가지입니다. **첫째, 새로운 시청자가 유입될 가능성이 큽니다.** 검색량이 많은 주제는 유튜브 알고리즘이 새로운 사람들에게 추천할 확률이 높아져 결과적으로 **빠른 성장의 기회를 제공합니다.** 예를 들어 '효율적인 공부법' 같은 대중적인 키워드는 학생들과 학부모, 그리고 본인의 커리어를 위해 노력하는 직장인들도 관심을 갖는 주제라 검색량이 꾸준히 유지됩니다.

둘째, 지속적인 검색 트래픽이 유지됩니다. 검색량이 높은 주제는 시간이 지나도 꾸준히 검색되는 경우가 많습니다. 예를 들어 '스마트폰 저장공간 확보하는 법' 같은 주제는 새로운 스마트폰이 출시될 때마다 검색량이 늘어나 지속적인 조회수를 기대할 수 있습니다.

셋째, 잠재적인 시청자 수가 많기 때문에 여러 방식으로 확장 가능합니다. 검색이 많이 되는 주제는 그만큼 다양한 시리즈형 콘텐츠로 발전시킬 수 있습니다. 예를 들어 '영어 회화'라는 키워드가 검색량이 많다면, '비즈니스 영어 회화', '여행할 때 꼭 필요한 영어 표현', '원어민이 자주 쓰는 영어 단어' 등으로 주제를 확장할 수 있습니다.

반대로 검색량이 너무 적은 주제를 다룰 경우 내 영상이 유용하고 재미있더라도 시청자가 너무 적어 성장하기 어려운 환경이 될 수 있습니다. 그러니 채널을 운영하기 전에 내가 다루고 싶은 주제가 잠재적인 시청자 풀이 충분한지, 유튜브에서 검색되는 주제인지 반드시 확인해야 합니다.

> **구스마일의 돈 버는 유튜브 실천 노트**
>
> **검색량을 확인하는 간단한 방법**
>
> 검색량을 확인하는 방법에는 세 가지가 있습니다. 첫째, 유튜브 검색창 자동완성 기능을 활용하는 것입니다. 유튜브에서 키워드를 입력하면 자동완성 키워드들이 뜨는데 이 키워드들은 많은 사람들이 검색하는 주제일 가능성이 큽니다.
>
> 둘째, 유튜브 트렌드 분석 도구를 활용하는 것입니다. 구글 트렌드에서 키워드 검색량이 어떻게 변화하는지 확인하고 꾸준히 관심받는 주제를 찾는 것이 중요합니다.
>
> 셋째, 잘되고 있는 채널을 분석하는 것입니다. 내가 하려는 주제와 비슷한 채널들을 찾아보고 그 채널에서 인기 있는 영상이 어떤 것인지 확인해보세요. 조회수가 많은 영상은 그만큼 그 주제에 대한 구독자의 관심이 크다는 뜻입니다.
>
> 많은 시청자들이 관심을 가지는 주제를 선택하면 보다 쉽게 성장하고 더 많은 기회를 잡을 수 있습니다.

❽ 접근성 : 신규 시청자의 관심을 끌 수 있는가?

채널을 운영하다보면 기존 구독자들과 유대감이 강해지면서 내부 커뮤니티가 형성되기 쉽습니다. 하지만 기존 구독자들만을 위한 콘텐츠에 집중하면 새롭게 채널을 발견한 사람들이 참여하기 어려워질 수 있습니다.

예를 들어 게임 리뷰 채널이 있다고 가정해봅시다. 기존 구독자들은 이미 이 채널의 스타일과 내용에 익숙하기 때문에 영상 속에서 전문용어가 많이 사용되더라도 이해하는 데 어려움이 없을 것입니다. 하지만 처음 방문한 시청자는 그런 용어들을 듣고 "이건 나랑 상관없는 채널인가?"라고 생각하며 떠날 수도 있습니다.

따라서 어떤 영상이든 처음 보는 사람도 쉽게 이해할 수 있도록 기획하는 것이 중요합니다. 예를 들어 특정 게임의 업데이트 내용을 설명하는 영상이라면 기존 유저뿐만 아니라 처음 그 게임을 접하는 사람도 이해할 수 있도록 기본적인 설명을 함께 넣는 것이 좋습니다.

> **TIP** 신규 시청자가 쉽게 유입될 수 있도록 주기적으로 '입문자용 콘텐츠'를 제작하는 것도 좋은 방법입니다.

시리즈 형식의 콘텐츠를 만들 때도 접근성을 고려해야 합니다. 긴 호흡의 시리즈 영상을 1편부터 10편까지 순서대로 봐야만 이해할 수 있는 구조라면 알고리즘을 타고 중간부터 들어온 시청자는 쉽게 이탈할 수 있습니다. 그렇기에 **각 에피소드를 개별적으로 봐도 이해할 수 있도록 구성하는 것이 중요합니다.**

결국 접근성이 좋은 채널은 새로운 시청자들이 쉽게 유입되고 이들이 자연스럽게 구독자로 전환될 가능성이 높습니다. 꾸준한 성장을 위해서는 기존 구독자뿐 아니라 새롭게 방문하는 시청자들도 고려한 콘텐츠 기획이 필수적입니다.

❾ 콜라보레이션 : 다른 유튜버와 협업할 가능성이 있는가?

유튜브에서 빠르게 성장하는 가장 효과적인 방법이 바로 '콜라보'라고도 하는 **콜라보레이션**입니다. 기존 구독자와 상대 유튜버의 구독자들에게도 자연스럽게 노출될 기회이기 때문입니다. **특히 유사한 관심사를 가진 두 채널이 함께 영상을 만들면 서로의 팬층이 겹치는 원-원 효과를 만들 수 있습니다.**

콜라보레이션이 효과적인 이유는 새로운 시청자들에게 쉽게 다가갈 수 있기 때문입니다. 예를 들어 게임 리뷰 유튜버가 다른 인기 게임 유튜버와 함께 PVP 대전을 하는 콜라보레이션 콘텐츠를 만들면 서로의 구독자들이 영상을 보면서 자연스럽게 상대 채널을 인식하게 됩니다.

저 역시 한 유튜버와 콜라보레이션을 진행한 적이 있는데 협업 영상이 업로드된 날 구독자가 하루 만에 1,000명 증가했던 경험이 있습니다. 협업의 효과는 단순한 조회수 증가뿐만 아니라 신뢰도 상승과 구독 전환율 증가까지 이어진다는 것을 체감했습니다.

구스마일의 돈 버는 유튜브 실천 노트

콜라보레이션이 잘 맞는 유튜브 카테고리

모든 채널이 콜라보레이션으로 큰 효과를 보는 것은 아니지만, 특정 주제의 채널은 콜라보레이션이 강력한 성장 전략이 될 수 있습니다.

게임 채널은 서로 다른 게임 유튜버들이 한 게임에서 대결하거나 함께 플레이하는 방식이 효과적입니다. '철권 고수와 스트리트파이터 고수의 맞대결' 같은 콘텐츠가 좋은 예입니다.

푸드, 먹방 채널은 다른 스타일의 먹방 유튜버들이 만나 음식을 평가하는 콘텐츠가 시청자의 관심을 끌 수 있습니다. '매운 음식 최강자 두 사람의 만남'과 같은 콘셉트가 효과적입니다.

여행, 브이로그 채널은 다른 여행 스타일을 가진 유튜버들이 같은 여행지를 비교하는 방식이 흥미롭습니다. '럭셔리 여행러와 배낭여행러의 같은 나라 여행'처럼 대비되는 콘텐츠가 시청 포인트가 됩니다.

IT, 테크 리뷰 채널은 서로 다른 제품을 리뷰하는 유튜버들이 비교 리뷰를 진행하는 것이 좋습니다. '갤럭시 유저와 아이폰 유저가 바꿔 써보는' 콘텐츠라면 다른 기기는 어떤지 관심 있는 시청자의 궁금증을 자극할 수 있을 것입니다.

⑩ 아이디어 얻기 : 영상을 만드는 과정이 즐거운가?

유튜브를 지속하려면 무엇보다 **영상을 만드는 과정 자체가 즐거운지 스스로 자문해봐야 합니다.** 처음에는 누구나 의욕이 넘치지만 시간이 지나면 조회수가 예상보다 안 나올 수도 있고 구독자 증가가 더딜 수도 있습니다. 이럴 때 **유튜브를 꾸준히 이어갈 힘은 내가 이 과정을 즐길 수 있는가에서 나옵니다.**

유튜브 영상을 만들고 채널을 운영하는 과정은 분명 지치고 힘든 일입니다.
이 모든 과정을 즐길 수 있는 자세와 마인드가 중요합니다. (이미지 생성 AI로 제작)

아이디어가 끊이지 않는 네 가지 방법이 있습니다. **첫째, '내가 좋아하는 것'과 '사람들이 관심 있는 것'의 교집합을 찾으세요.** 내가 좋아해도 아무도 관심이 없으면 성장이 어렵고 반대로 인기 있는 주제라도 내가 싫어하면 지속하기 힘듭니다.

둘째, 시청자 의견을 적극 반영하세요. 댓글에서 새로운 아이디어를 얻을 수 있고 "이런 내용도 다뤄주세요."라는 댓글이 많다면 해당 주제에 수요가 있다는 뜻입니다.

셋째, 트렌드를 따라가면서 나만의 색깔을 입히세요. 인기 채널을 참고하되 무작정 따라 하지 말고 차별점을 만들어야 합니다.

넷째, 콘텐츠 포맷을 다양화하세요. 포토샵 강의 채널이라면 앞서 이야기한 것처럼 기본 강의에서 시청자들의 디자인 수정 요청을 받는 라이브 스트리밍으로 변형해 기존 주제를 유지하면서도 색다른 콘텐츠를 만들 수 있습니다.

유튜브는 마라톤입니다. 성공하는 사람들은 단기적 성과에 연연하지 않고 꾸준히 달려온 사람들입니다. 영상 몇 개 올리고 "아, 이거 안되네…." 하고 포기하는 것이 아니라 즐거움을 느끼며 꾸준히 할 수 있는 사람이 결국 승리합니다.

유튜브를 시작하기 전 '1년 후에도 이 주제로 재미있게 영상을 만들 수 있을까?'라고 자문해보세요. 그 질문에 'YES'라고 답한다면 성공을 향한 중요한 한 걸음을 내디딘 것입니다.

LESSON 07
이렇게 하면 내 영상이 상단에 노출돼요!

유튜브에서 키워드를 검색했을 때 내 영상이 가장 상단에 노출된다면, 그 영상은 엄청난 조회수를 기록할 가능성이 높습니다. 어떻게 해야 내 영상이 검색 상단에 노출될 수 있을까요? 구글에서 이야기했고, 그리고 제가 직접 경험해본 기준으로 살펴보겠습니다.

유튜브 알고리즘이 상단 노출을 결정하는 기준

유튜브는 검색 알고리즘을 통해 시청 가치가 가장 높다고 판단되는 영상을 상단에 배치합니다. 중요한 핵심 지표는 앞서 이야기했던 **클릭률×시청 지속 시간**입니다.

클릭률(CTR)은 내 영상의 섬네일과 제목을 보고 몇 퍼센트가 클릭했는지를 나타냅니다. 클릭률이 높으면 유튜브는 이 영상에 대한 관심이 많다고 판단하여 더 많이 노출해줄 것입니다.

시청 지속 시간(WT)은 사람들이 내 영상을 얼마나 오래 시청했는지를 의미합니다. 10분짜리 영상에서 평균 8분을 시청했다면 알고리즘은 이 영상을 가치 있는 콘텐츠로 평가합니다.

이 두 가지가 높을수록 유튜브가 내 영상을 상단에 띄워줄 확률이 높아집니다. 물론 좋아요, 공유율, 댓글 참여도 등도 영향을 미치지만 결국 클릭률이 높고 시청 지속 시간이 긴 영상은 자연스럽게 좋아요와 댓글이 많아지기 마련입니다.

최신 영상이 유리하다

유튜브는 최신 콘텐츠를 선호하는 경향이 있습니다. 같은 키워드를 사용하는 영상이라도 최근 업로드된 영상이 상단에 노출될 가능성이 큽니다.

예를 들어 '2023년 다이어트 방법'을 검색했을 때 2021년에 올라온 다이어트 영상보다 2023년에 올라온 최신 다이어트 영상이 클릭될 가능성이 높고 유튜브도 이를 우선 추천합니다.

즉 오래된 영상이 상단을 차지하고 있더라도 최신 정보를 반영한 새 영상을 제작하면 충분히 도전해볼 만합니다. 특히 트렌드가 빠르게 변하는 분야(IT, 패션, 건강, 재테크 등)에서는 최신 영상을 꾸준히 올리는 것만으로도 상단에 노출될 확률이 높아집니다.

내 영상을 상단에 띄우는 실전 전략

검색 최적화(SEO)를 위한 다섯 가지 핵심 전략을 소개합니다.

첫째, 검색할만한 키워드를 제목에 반드시 포함하세요. 사람들이 검색할 만한 키워드를 제목과 설명란에 자연스럽게 녹여야 합니다. 예를 들어 '2024년 다이어트 필승법! 이 방법으로 5kg 감량 성공'과 같이 표현하는 것이 좋습니다.

유튜브 영상을 업로드할 때는 제목, 키워드, 설명도
영상 주제와 시청자의 수요에 맞게 구성해야 합니다. (이미지 생성 AI로 제작)

둘째, 섬네일과 제목을 클릭하고 싶게 만드세요. 클릭률이 낮으면 좋은 영상도 묻힙니다. '놀랍게도 2주 만에 5kg 감량?!', '이걸 먹었더니 살이 빠졌어요!'와 같이 호기심을 자극하는 제목이 효과적입니다.

셋째, 영상 초반 5초를 강력하게 만드세요. 시청자는 초반 몇 초 안에 영상을 계속 볼지 결정합니다. 미스터 비스트 님도 초반 5초 안에 영상의 핵심을 확실히 보여줘야 한다고 강조했습니다. '이 영상에서 2주 만에 살을 빼는 핵심 비법을 알려드릴게요'처럼 초반에 핵심을 언급하세요.

넷째, 시청 지속 시간을 늘리기 위해 스토리를 구성하세요. 사람들이 끝까지 영상을 보게 하려면 스토리가 필요합니다. 문제 → 해결 과정 → 결과로 구성된 영상이 시청 지속 시간을 높입니다.

다섯째, 최신 트렌드를 반영한 영상을 주기적으로 올리세요. 최신 영상이 상단에 유리하므로 트렌드에 맞춘 콘텐츠를 꾸준히 업로드하는 것이 중요합니다. 예를 들어 '2024년 유행하는 다이어트 방법'과 같은 제목이 효과적입니다.

결국 알고리즘은 사람들이 많이 보고 오래 보는 영상을 상단에 배치합니다. 따라서 내 영상이 클릭을 부르는 섬네일과 제목을 가지고 있는지, 그리고 시청자들이 끝까지 볼 수 있는 영상인지 점검하는 것이 상단을 차지하는 가장 확실한 방법입니다.

LESSON 08
이렇게 하면
채널 성장에 도움이 됩니다!

❶ 이렇게 설정하면 검색어에 바로 꽂힌다

영상 세부정보에 검색어 설정은 채널 성장 초기 단계에서 특히 중요합니다. 관심 있는 시청자가 검색을 통해 영상을 발견하는 경우가 많기 때문입니다. 이들의 시청 기록은 유튜브 알고리즘이 잠재 시청자를 분석하는 핵심 데이터가 됩니다. 알고리즘은 '이런 유형의 사람들이 이 영상을 시청한다'는 패턴을 인식하고 비슷한 관심사를 가진 시청자들에게 영상을 더 많이 노출합니다. 따라서 초기 채널은 검색어 설정을 통해 올바른 시청자층을 유입하는 것이 중요합니다.

검색어 효과를 극대화하는 방법은 '검색어 3단 반복 법칙'입니다. '들깨 칼국수 만드는 법'을 주제로 한 영상을 예로 들겠습니다.

첫째, 제목에 검색어를 포함하세요. '들깨 칼국수 만드는 법 : 자취생도 쉽게 가능한 비결'과 같이 타깃 키워드를 자연스럽게 넣습니다.

둘째, 설명란에도 검색어를 사용하세요. 태그로 #들깨칼국수 #쉬운요리 등을 추가하고 설명 문장에도 핵심 키워드를 녹여냅니다. '오늘은 들깨 칼국수를 쉽게 만드는 영상을 준비했어요'와 같이 자연스럽게 표현합니다.

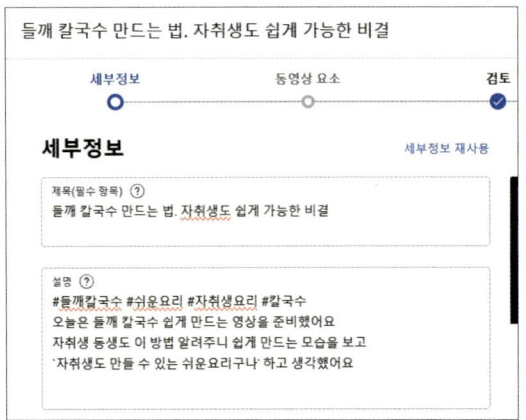

셋째, 태그란에도 검색어를 기입하세요. 들깨 칼국수, 자취생 요리, 쉬운 요리, 홈메이드 요리 등 관련 키워드를 추가합니다.

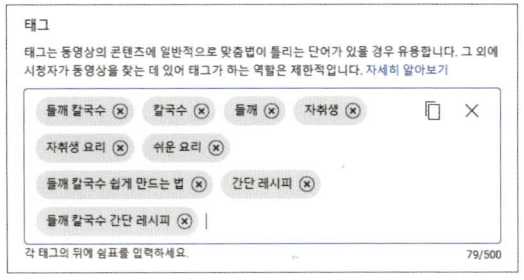

이렇게 제목, 설명란, 태그란에 동일한 키워드를 반복 사용하면 알고리즘은 '들깨 칼국수'를 이 영상의 핵심 키워드로 인식하게 됩니다.

이후 알고리즘은 영상의 노출 성적을 분석하며 '들깨 칼국수'보다 '자취생 요리'가 더 강한 키워드라고 판단할 수도 있습니다. 하지만 초반에는 키워드를 세 단계에 걸쳐 반복하고 강조함으로써 알고리즘에 특정 키워드를 강하게 인식시키는 것이 중요합니다.

> **구스마일의 돈 버는 유튜브 실천 노트**
>
> **유튜브 키워드 아이디어 얻기**
> '키워드 툴(keywordtool.io/youtube)'을 활용하면 생각하지 못했던 연관 키워드를 쉽게 확인할 수 있습니다. 타깃 키워드를 해당 사이트에 입력하면 연관 키워드가 제시됩니다. 연관 키워드를 영상에 모두 태그하면, 관련 검색 결과에 더 많이 노출될 가능성이 높아집니다.

❷ 구독해달라고 요청하자

구글이 직접 밝힌 구독자 증가의 핵심 비결은 '시청자에게 구독해달라고 직접 요청하는 것'입니다. 이 방법은 구글 세미나 데이터를 통해 실제로 효과가 검증되었습니다.

단순해 보이지만 구독을 요청하는 멘트가 있는 영상이 그렇지 않은 영상보다 구독 전환율이 압도적으로 높습니다. 물론 영상 자체가 좋아야 한다는 점이 기본 전제이지만, 좋은 영상에서도 구독 요청 여부에 따라 차이가 발생합니다.

시청자는 영상이 마음에 들어도 구독을 떠올리지 못하는 경우가 많습니다. "이 영상이 도움이 되셨다면 구독 부탁드립니다!"라는 간단한 요청이 구독률을 높이는 데 효과적입니다.

더 효과적인 방법은 구독 시 얻게 되는 혜택을 함께 강조하는 것입니다. "다음 영상에서는 더 많은 꿀팁을 준비 중입니다. 구독하고 알림 설정을 해두시면 빠르게 받아보실 수 있습니다!"와 같은 표현이 구독 전환율을 크게 높여줍니다.

유머 감각이 있는 유튜버는 구독 요청을 재미있게 표현해 시청자들이 더 쉽게 유입되기도 합니다. 좋은 예로 채널 〈지무비 : G Movie〉는 영화의 한 장면을 패러디하여 구독을 요청하는데, 이런 창의적인 방식이 시청자들의 관심을 끌고 채널을 계속 보고 싶게 만듭니다.

어떤 유튜버는 '구좋댓알'이라는 줄임말을 사용합니다. '구'는 구독, '좋'은 좋아요, '댓'은 댓글, '알'은 알림 설정을 의미하는 간결한 표현입니다. 여러분도 용기를 내서 '구좋댓알'을 말해보시길 바랍니다.

❸ 피크 타임 2시간 전 법칙

영상은 몇 시에 공개하면 가장 효과가 좋을까요? 잘 만들어진 영상은 시간에 관계없이 좋은 성과를 낼 수 있습니다. 특히 채널의 알고리즘이 잘 잡혀있다면 공개 시간을 크게 신경 쓰지 않아도 됩니다.

그러나 대부분은 영상의 초반 성적이 중요합니다. 알고리즘은 영상이 공개된 지 3시간밖에 되지 않았는데 많은 관심을 받으면 노출량을 자연스럽게 늘려줍니다. 잘 만들어진 영상을 많은 사람들이 가장 많이 유튜브를 보는 시간대에 공개해 초반 성적이 좋다면 알고리즘의 지원을 받아 더 많은 노출과 조회수를 기록하게 됩니다. 이는 선순환을 만들어 더 좋은 성적을 낼 수 있습니다.

가장 좋은 영상 공개 시간은 피크 타임 2시간 전입니다. 시청자들이 유튜브를 가장 많이 보는 시간대는 일반적으로 오후 7시에서 10시 사이입니다.

오후 7시가 피크 타임의 시작이라면 피크 타임 2시간 전 법칙을 적용해 오후 5시에 영상을 공개하는 것이 유리합니다. 이 시간 동안 시청 데이터를 충분히 쌓아 피크 타임에 검색 상단에 노출되는 것이 이상적입니다. 잘 만들어진 영상이 2시간 동안 좋은 데이터를 쌓으면 급상승 동영상에 노출될 가능성도 높아집니다.

시청자 연령대와 채널 성격에 따라 피크 타임이 다를 수 있으므로 자신의 채널에 맞는 피크 타임을 파악하는 것이 중요합니다. 게임 채널은 청소년들의 피크 타임에, 드라마 채널은 성인들의 피크 타임에 맞추는 식으로 조정하면 됩니다. 하지만 융통성도 필요합니다. 타이밍이 중요한 드라마 채널이나 이슈성 채널은 새벽이라도 빠르게 공개하는 것이 효과적일 때가 있습니다. 지금 핫한 주제가 있다면 업로드 시간 법칙보다는 누구보다 빨리 업로드하는 것이 중요합니다.

결론적으로 자신의 채널에 맞는 피크 타임을 파악하고 특별히 빨리 공개해야 할 영상이 아니라면 피크 타임 2시간 전 법칙을 따르는 것이 좋습니다.

❹ 한국에는 한국어로, 외국에는 외국어로 동시 노출하자

유튜브는 글로벌 플랫폼입니다. 한국어 사용자와 영어, 중국어 등 다양한 언어 사용자의 수를 비교하면 누구를 타깃층으로 할 것인가의 차이는 엄청납니다.

그렇다면 영상의 제목을 한국에서는 한국어로, 외국에서는 해당 국가의 언어로 노출할 수 있을까요? 네, 가능합니다. 유튜브에서는 시청자의 위치에 따라 영상 제목이 해당 언어로 표시되도록 설정할 수 있는 자동 번역 기능을 제공합니다. 한국에서 접속한 시청자에게는 한국어 제목, 미국에서 접속한 시청자에게는 영어 제목, 스페인에서 접속한 시청자에게는 스페인어 제목으로 자동으로 변환됩니다.

이 기능을 활용하면 내 콘텐츠가 해외 시청자들에게 더욱 자연스럽게 노출될 수 있습니다. 유튜브는 검색뿐만 아니라 알고리즘에서도 사용자가 익숙한 언어의 제목을 가진 영상을 선호합니다. 같은 영상이라도 제목이 영어로 되어 있다면 영어권 시청자들에게 자주 추천될 가능성이 높아집니다.

이 기능은 특히 해외 시청자를 공략하는 채널에게 매우 유용합니다. 예를 들어 여행 브이로그, 글로벌 이슈, K-POP, K-드라마, 제품 리뷰, 튜토리얼 같은 콘텐츠는 해외에서도 관심이 많기 때문에 다국어 제목을 설정하면 더 많은 시청자들에게 도달할 가능성이 커집니다.

다만 주의할 점이 있습니다. 유튜브 자동 번역은 정확도가 떨어지므로 그대로 사용하지 말고 직접 번역하거나 구글 번역 등을 통해 별도로 번역한 내용을 넣는 것이 좋습니다. 또한 많은 언어를 추가할 필요는 없습니다. 주요 타깃 국가(미국, 일본, 스페인 등) 위주로 설정하는 것이 효과적입니다.

유튜브는 전 세계가 무대입니다. 이 기능을 적극 활용해 내 콘텐츠를 더 많은 사람들에게 알리는 기회를 잡아보세요!

초보 유튜버를 위한 Q&A

Q 01 유튜브 알고리즘의 기본 원리와 검색 최적화를 위한 제목, 설명 작성 방법은 무엇인가요?

A 유튜브 알고리즘은 기본적으로 사용자가 플랫폼에 오래 머무르게 하는 영상을 우선적으로 추천합니다. 개인 맞춤 추천(홈 피드)과 관련 영상 추천(추천 영상 탭)을 통해 작동하며, 사용자가 유사 주제 영상을 많이 시청하면 관련 영상이 계속 추천되므로 일관된 콘텐츠를 제작하는 것이 중요합니다.

알고리즘에서 가장 중요한 요소는 **클릭률**(CTR)과 **시청 지속 시간**(WT)입니다. 그러므로 클릭하고 싶은 섬네일과 제목을 만들고, 초반 5초 안에 시청자의 관심을 끌어야 합니다.

검색 최적화(SEO)를 위해서는 **제목**에 검색 가능성이 높은 키워드를 자연스럽게 포함시켜야 합니다. 당연히 **태그**에도 관련 키워드를 포함해야 합니다. 제목과 태그가 서로 연관성이 높다면 검색 최적화에 유리합니다.

설명란 또한 영상의 주요 내용을 요약하고 핵심 키워드를 자연스럽게 녹여내야 하며, 자막 기능도 추가한다면 검색 최적화에 도움이 됩니다.

초보 유튜버를 위한 Q&A

검색 최적화를 위해서는 영상과 어울리는 제목, 태그, 설명 작성은 필수입니다. (이미지 생성 AI로 제작)

02 유튜브 광고 외에 돈 버는 방법은 무엇이 있을까요?

A 안정적인 유튜브 활동을 위해 수익원을 다각화하는 것이 중요합니다. 대표적인 방법은 **외주 광고** 및 **브랜드 협찬**으로, 구글 애드센스보다 훨씬 높은 단가를 받을 수 있습니다.

채널의 규모가 커지면 한 편의 광고 영상으로 수십만 원에서 수백만 원까지 받을 수 있는데, 특정 구독자에게 타기팅된 채널이 더 높은 수익을 창출합니다.

브랜드 협찬은 주로 대행사를 통해 진행되며, 제안서 작성이 중요합니다. 제안서에는 채널 개요, 주 타깃층, 평균 조회수, 광고 효과 예측, 진행 방식, 예상 단가 등을 포함해야 합니다. 단가 책정은 구독자 수와 평균 조회수를 기준으로 하며, 조회수당 수익

(CPM)을 활용하는데, IT, 금융, 자동차 등의 주제는 단가가 높은 편입니다.

그 외에도 **전자책, 강의, 템플릿**과 같은 디지털 제품 판매, 충성도 높은 팬들에게 특별 혜택을 제공하는 **유튜브 멤버십 서비스**, 특정 제품을 소개하고 판매될 때마다 수익을 얻는 **제휴 마케팅** 등을 활용할 수 있습니다. 채널 성격에 맞는 수익원을 다양하게 조합해 장기적인 성장 구조를 만드는 것이 중요합니다.

Q03 시청자를 불편하게 하지 않는 유튜브 광고 설정은 어떻게 해야 할까요?

A 유튜브에서 광고는 시청자들에게 자연스러운 요소가 되었으며, 많은 시청자들은 유튜버의 수익 창출 방법을 알고 있어 광고에 대해 큰 불편함을 느끼지 않습니다. 좋은 콘텐츠를 꾸준히 제공하는 유튜버라면 시청자들은 광고가 붙는 것을 당연하게 받아들이는 경우가 많습니다.

하지만 광고를 많이 넣는 것은 좋은 전략이 아닙니다. 한 영상에 광고가 많을수록 수익은 늘어나지만 영상 감상에 방해가 되면 시청 지속 시간이 줄어들 수 있습니다. 따라서 광고를 적절한 위치와 개수로 배치하는 것이 중요합니다.

초보 유튜버를 위한 Q&A

10분 이하의 짧은 영상이라면 초반과 끝부분에 광고를 배치하고, 15분 이상의 영상이라면 중간 광고를 한두 개 정도 배치하는 것이 적절합니다.

중간 광고(미드롤 광고)는 영상 흐름이 끊기지 않도록 삽입하는 것이 좋은데, 초보라면 유튜브의 자동 광고 설정을 활용하는 것을 권장합니다. 유튜브는 뛰어난 AI 기술로 적재적소에 불편하지 않을 만큼, 가장 수익이 잘 나는 부분에 광고를 기가 막히게 배치하며, 그 정교함과 적절함이 계속 발전하고 있습니다.

광고는 유튜버의 수익을 위한 필수적인 요소이며 시청자들에게 큰 거부감을 주지 않으므로, 광고가 영상 감상을 방해하지 않는 자연스러운 흐름 속에서 배치되도록 유튜브의 AI 기술에 맡기는 것이 효과적입니다.

Q 04 메인 채널에서 멀티 채널로 확장하는 전략과 적절한 시기는 언제인가요?

A 멀티 채널로 확장하기 가장 좋은 시점은 메인 채널이 일정 수준의 안정적인 트래픽을 확보했을 때입니다. 구독자 수와 평균 조회수가 꾸준하고 광고 수익이나 외주 광고 등의 수익 구조가 안정되었다면 새로운 채널을 운영할 여유가 생깁니다. 메인 채널

의 성장이 불안정한 상태에서 멀티 채널을 서둘러 만들면 두 채널 모두 제대로 관리하기가 어려워집니다.

새로운 채널을 만들 때는 메인 채널과 멀티 채널의 콘텐츠 방향이 명확하게 구분되어야 합니다. 기존 주제를 조금 바꾸는 것이 아니라 완전히 다른 타깃층을 대상으로 하는 콘텐츠여야 효과적입니다. 예를 들어 기존 채널이 게임 공략 중심이라면 새 채널에서는 게임 관련 뉴스나 업계 동향을 다루거나, 메인 채널이 롱폼(일반 영상) 중심이라면 멀티 채널은 쇼츠 중심으로 운영하는 방식입니다.

채널을 확장하는 시기는 조금씩 다르지만 명확한 계획과 전략적으로 접근하는 자세가 필요합니다. (이미지 생성 AI로 제작)

성공적인 멀티 채널 운영을 위해서는 메인 채널과 연계되는 구조를 만들어야 합니다. 메인 채널에서 깊이 있는 분석 영상을 제공하고 멀티 채널에서는 짧은 요약이나 하이라이트를 제공하는

초보 유튜버를 위한 Q&A

방식이 효과적입니다. 커뮤니티 탭이나 영상에서 새 멀티 채널을 홍보하는 것도 좋습니다.

그리고 각 채널의 운영 방식과 콘텐츠 제작 스케줄을 미리 계획하는 것이 중요합니다. 두 채널을 운영하는 것은 두 배의 시간과 에너지가 필요하므로 메인 채널은 주 2회, 멀티 채널은 주 1회 업로드하는 식으로 균형을 맞춰 부담을 줄여야 합니다. 충분히 기반을 다진 후 멀티 채널을 계획적으로 운영하면 다양한 콘텐츠 제공과 함께 기존 구독자 유지 및 새로운 시청자 유입 효과를 기대할 수 있습니다.

Q 05 채널 성장 정체기 극복 전략과 번아웃 예방을 위한 마인드셋은 무엇인가요?

A 채널 운영 중 성장이 정체되는 시기가 오면, 먼저 채널 데이터를 분석해 어떤 부분이 문제인지 파악하는 것이 중요합니다. 유튜브 스튜디오에서 클릭률, 시청 지속 시간, 평균 시청률, 트래픽 유입 경로 등을 확인해 문제점을 찾아보세요.

클릭률이 낮아졌다면 섬네일과 제목의 매력이 감소했을 수 있고, 시청 지속 시간이 짧아졌다면 영상 구성이 느슨해졌거나 초반 이탈이 많아졌을 수 있습니다. 트래픽 유입 경로의 키워드나 성별 및 연령대 대상이 예상한 것과 다르게 나타나면, 채널 운영 전략을 수정해야 할 수 있습니다.

정체기를 극복하기 위해서는 기존 콘텐츠 형식을 유지하면서 새로운 시도를 해보는 것도 방법입니다. 주제를 확장하거나 롱폼에서 쇼츠로, 또는 그 반대로 형식을 변화시켜 새로운 시청자층을 유입시킬 수 있습니다.

타깃층을 다시 점검하는 것도 중요한데, 시간이 지나며 채널의 주 타깃층이 초기 의도와 달라졌을 수 있으므로 새로운 콘텐츠를 실험하며 조정해나가야 합니다.

번아웃 예방을 위해서는 채널 성장을 장기적 관점에서 바라보는 마인드셋이 필요합니다. 유튜브는 단기적 성과보다 장기적 성과를 중요시하는 플랫폼이므로, 당장 보이는 수치에 연연하지 말고 꾸준히 콘텐츠를 만들면서 방향을 찾아가세요. 업로드 주기 조정이나 영상 제작 방식 간소화를 통해 지속 가능한 채널 운영 패턴을 만드는 것이 중요합니다.

06 악성 댓글 대처와 관리는 어떻게 해야 할까요?

A 채널을 운영하면 예상보다 빨리 악성 댓글을 경험하게 됩니다. 가장 좋은 대응법은 불필요한 감정 소모를 피하는 것으로, 대응

초보 유튜버를 위한 Q&A

할 가치가 없는 댓글은 과감히 무시하고 건설적인 피드백만 수용하는 것입니다.

초보자가 자주 하는 실수로는 악성 댓글에 민감하게 반응하는 것이라 할 수 있습니다. 이때 유튜브의 사용자 숨김 기능을 활용한다면 특정 사용자의 댓글이 자동으로 보이지 않게 설정할 수 있습니다. 이 기능은 차단 기능과 달리 해당 사용자가 계속 영상을 시청하고 댓글을 달 수 있지만, 그 댓글이 나와 다른 시청자들에게는 숨겨지는 장점이 있습니다. 커뮤니티 가이드라인 필터 기능으로 특정 키워드가 포함된 댓글을 자동으로 검토 대기 상태로 둘 수도 있습니다.

건강한 커뮤니티를 위해 자주 댓글을 남기는 시청자에게 하트를 누르거나 답글을 남기는 긍정적인 소통이 중요합니다. 유튜브는 마라톤과 같으므로 작은 시련을 넘어 꾸준히 긍정적인 소통을 이어가는 것이 최선의 전략입니다.

Q 07 구독자 1,000명 확보를 위한 단계별 전략은 무엇인가요?

A 채널 초반에는 알고리즘이 내 영상과 채널을 추천해줄 확률이 낮습니다. 이때는 알고리즘보다 **검색 시스템을 활용**해야 합니

다. 검색 최적화를 위해 '류수영 김치찌개 레시피 따라 하기'처럼 검색량이 높은 키워드를 제목, 태그, 설명에 포함하고 섬네일에도 눈에 띄는 텍스트를 넣는 것이 좋습니다. 또한 채널 주제는 '직장인을 위한 10분 홈트'처럼 좁고 명확하게 설정하여 유튜브가 누구에게 추천할지 판단할 수 있게 하는 것이 중요합니다.

초반에는 5~10분 정도의 짧은 영상으로 시작해 시청자의 완전 시청을 유도하고, 섬네일과 제목은 '이 운동, 2주만 따라 하면 놀라운 변화!'처럼 호기심을 자극하게 만들어 클릭률을 높입니다.

시청자와의 소통을 강화하기 위해 댓글에 적극 답변하고, 영상 중간에 '여러분은 어떤 방법을 더 선호하시나요?'와 같이 참여를 유도하는 문구를 넣는 것도 좋습니다.

무엇보다 **중요한 것은 꾸준함**입니다. 채널 성장이 더디다고 해서 조급하게 주제를 변경하는 것은 피해야 합니다. 처음 정한 주제와 방향을 최소 3개월 이상 유지하면서 채널의 뿌리를 단단히 내리는 과정이 구독자 1,000명 확보의 핵심입니다.

Q08 유튜브로 월 1,000만 원 수익을 꿈꾸는 사람들에게 전하는 조언이 있을까요?

A 유튜브로 월 1,000만 원 수익을 내는 것이 꿈처럼 들릴 수 있지

초보 유튜버를 위한 Q&A

만, 게으른 아저씨도 해냈으니 여러분도 충분히 할 수 있습니다. 단기간에 이룰 수 있는 일은 아니지만, 꾸준히 방향을 잘 잡고 하나씩 실행한다면 결코 불가능한 목표가 아닙니다.

많은 사람들이 유튜브에서 성공하려면 차별화된 특별한 콘텐츠가 있어야 한다고 생각하지만, 성공한 유튜버들을 보면 일상 공유나 단순한 정보 정리 영상만으로도 충분히 많은 시청자들을 모으고 있습니다.

중요한 것은 지속성과 **개선**입니다. 한두 개의 영상이 터지지 않았다고 실망하지 말고, 지속적으로 영상의 완성도를 높이면서 시청자의 반응을 살펴보는 것이 좋습니다.

월 1,000만 원을 벌기 위해서는 애드센스 수익에만 의존해서는 어렵습니다. 브랜디드 콘텐츠, 협찬 광고, 유튜브 멤버십 서비스 운영, 전자책이나 강의 판매, 유튜브 쇼핑, 쿠팡 파트너스 등 다양한 수익 모델을 함께 고려하는 것이 좋습니다.

가장 중요한 것은 유튜브를 한번 해보고 안되면 그만두는 일이 아니라 **장기적으로 운영할 나만의 사업**이라고 생각하는 것입니다. 적어도 6개월~1년은 꾸준히 해보겠다는 마음가짐이 필요하며, 자신이 진짜 좋아하는 주제를 선택해 번아웃을 방지하는 것도 중요합니다.

저도 처음에는 영상 편집을 해본 적 없는 문외한이었지만, 독학으로 하나씩 배우고 적용하면서 성장했습니다. 유튜브의 가장 큰 매력은 누구에게나 기회가 열려있다는 점입니다. 나이, 경험, 전문 지식과 상관없이 누구나 시도할 수 있고, 꾸준히 노력하면 충분히 성공할 수 있습니다.

지금 당장 여러분의 첫 영상을 만들어보세요. 그리고 꾸준히 이어가세요. **유튜브는 꾸준함이 이기는 게임**입니다. 1년이 지나면 상상하지 못했던 수준에 도달할 것입니다. 이제 여러분 차례입니다!

EPILOGUE

'게으른 아저씨' 구스마일이 전하는 응원의 메시지

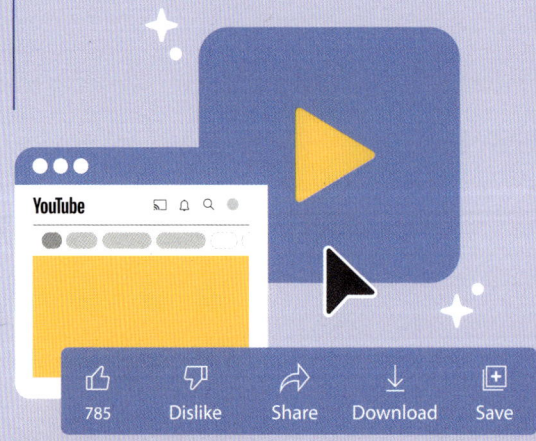

처음 유튜브를 시작했을 때처럼 몰입하는 유튜버가 되세요!

마지막으로 유튜브를 시작할 때와 수익을 창출한 이후의 마음가짐에 대해 말씀드리겠습니다.

유튜브를 하면서 가장 필요한 것은 '몰입'입니다. 저는 오후에 일어나 5시간 정도 영상을 만드는 데 할애합니다. 나름 열심히 산다고 생각했지만 직장인 친구들은 제 스케줄을 듣고 코웃음을 치더군요. 그들에게 제 노력은 엄살에 불과한지 모르겠습니다.

하지만 하루에 5시간은 몰입할 각오가 필요합니다. 무엇을 만들든 책상 앞에 하루 5시간은 앉아보세요. 몰입한 5시간이 매일 쌓이면 엄청난 힘을 발휘합니다. 궤도에 오르기까지 이 정도의 시간은 반드시 필요합니다.

저는 '게으른 아저씨'가 아니냐고요? 다행히 유튜브는 좋아서 하는 일이라 그 5시간이 끝나도 지치지 않고 오히려 개운합니다. 나머지 시간은 가족과 함께 보내는 자유로운 삶입니다. 최소한의 성실함만 있다면 유튜브를 시작해도 좋습니다.

유튜브로 수익을 창출하게 된 순간의 중요한 마음가짐도 말씀드리겠습니다.

저는 클래스101에서 〈연봉 1억 유튜버가 도와주는 유튜버 되는 지름길〉이라는 강의를 하고 있으며 현재 수강생이 5,000명에 달합니다. 또한 크몽에서 〈드라마 유튜브. 월 3,000만 원 수익 노하우〉라는 전자책과 강의를 제공하고 있습니다. 수강생들이 수익 창출에 성공할 때 마치 제 자녀가 시험에서 100점을 받아올 때처럼 기쁩니다.

그런데 의외로 수익이 창출되는 순간 많은 분들이 슬럼프에 빠집니다. 열정적으로 달리던 분들이 목표를 달성하자 의욕을 잃는 것입니다. 주로 조회수 몇 만을 기록한 영상으로 수익 창출에 성공했지만, 이후 영상들은 조회수가 몇 백 단위로 떨어지는 경우입니다. 이때 저는 **몇 만 조회수가 나온 그 영상이 평균이 아니라, 기존에 몇 백이 나오던 조회수가 실제 평균**이라고 말합니다. 자기 채널의 베스트 영상만 바라보지 말고 평균에 대한 눈높이를 현실적으로 맞춰야 합니다.

수익 창출에 성공했지만 월 수익이 몇 천 원 수준인 것을 보고 실망하기도 합니다. 유튜브를 하는 사람은 이러한 '유리 같은 마인드'를 주의해야 합니다. 수익 창출이 통과되었다고 조회수가 높았던 이전 영상의 수익을 받을 수 있는 것이 아닙니다. 그 영상들 덕분에 수익 창출 조건이 달성된 것이지, 그 조회수에 대한 수익은 정산되지 않습니다. 수익 창출 이후부터 1원이 쌓이기 시작하는 것입니다.

수익 창출 이후 영상들이 몇 백 조회수로 돌아가는 것은 당연합니다. 대박이 난 영상들은 평균값에서 제외하고, 현재의 진짜 평균값을 받아들여야 합니다. 수익에 너무 집착하지 말고 묵묵히 나아가세요.

몇 백의 평균이 몇 천이 되고, 몇 천이 몇 만이 되는 날이 반드시 옵니다. 한두 개의 영상에 마음이 흔들리지 않도록 유의하세요. 수익 창출 통과는 시작에 불과합니다. 꾸준히 밀고 나가면 유튜브 알고리즘이 채널을 신뢰하게 되고, 그때부터 '삶이 바뀌고 있다'고 느낄 정도의 수익이 생깁니다.

또한 채널의 총 영상 개수도 월 수익에 큰 영향을 미칩니다. 최근 영상뿐 아니라 이전 영상들도 모두 수익을 창출합니다. 여러분이 심은 모든 씨앗이 함께 자라며 열매를 맺는 것입니다.

게으른 아저씨는 여러분의 성공을 응원합니다. 적게 일하고 스케줄을 스스로 정하며 눈치 보지 않는 삶, 남는 시간으로 사랑하는 일과 사람들과 여유를 즐기는 행복한 인생을 축복합니다.

MEMO